辽宁大学应用经济学系列丛书·青年学者系列

2016 年度辽宁省社会科学规划基金项目（L16BJL004）
对外开放视角下的东北地区体制机制创新研究

对外开放与东北地区经济增长

Opening-up and Economic Growth
in the Northeast Region

刘长溥　韩　蕾　著

中国财经出版传媒集团

经济科学出版社
Economic Science Press

图书在版编目（CIP）数据

对外开放与东北地区经济增长/刘长溥，韩蕾著.
—北京：经济科学出版社，2017.4
（辽宁大学应用经济学系列丛书．青年学者系列）
ISBN 978 - 7 - 5141 - 7974 - 3

Ⅰ.①对… Ⅱ.①刘…②韩… Ⅲ.①对外开放 –
影响 – 区域经济 – 经济增长 – 东北地区 Ⅳ.①F127.3

中国版本图书馆 CIP 数据核字（2017）第 093545 号

责任编辑：于海汛 陈 晨
责任校对：刘 昕
责任印制：潘泽新

对外开放与东北地区经济增长
刘长溥 韩 蕾 著
经济科学出版社出版、发行 新华书店经销
社址：北京市海淀区阜成路甲 28 号 邮编：100142
总编部电话：010 – 88191217 发行部电话：010 – 88191522
网址：www. esp. com. cn
电子邮箱：esp@ esp. com. cn
天猫网店：经济科学出版社旗舰店
网址：http://jjkxcbs. tmall. com
北京汉德鼎印刷有限公司印刷
三河市华玉装订厂装订
710×1000 16 开 13.5 印张 190000 字
2017 年 7 月第 1 版 2017 年 7 月第 1 次印刷
ISBN 978 - 7 - 5141 - 7974 - 3 定价：39.00 元
（图书出现印装问题，本社负责调换。电话：010 – 88191510）
（版权所有 侵权必究 举报电话：010 – 88191586
电子邮箱：dbts@ esp. com. cn）

总　序

　　这是我主编的第三套系列丛书。前两套丛书出版后，总体看效果还可以：第一套是《国民经济学系列丛书》（2005 年至今已出版 13 部），2011 年被列入"十二五"国家重点图书出版物；第二套是《东北老工业基地全面振兴系列丛书》（共 10 部），在列入"十二五"国家重点图书出版物的同时，还被确定为 2011 年"十二五"规划 400 种精品项目（社科与人文科学 155 种），围绕这两套系列丛书还取得了一系列成果，获得了一些奖项。

　　主编系列丛书从某种意义上说是"打造概念"。比如说第一套系列丛书也是全国第一套国民经济学系列丛书，主要为辽宁大学国民经济学国家重点学科"树立形象"；第二套则是在辽宁大学连续获得国家社科基金"八五""九五""十五""十一五"重大（点）项目，围绕东北（辽宁）老工业基地调整改造和全面振兴进行系统研究和滚动研究的基础上继续进行探索，从而为促进辽宁大学区域经济学建设、服务地方经济不断做出新贡献。在这个过程中，既出成果，也带队伍、建平台、组团队，遂使辽宁大学应用经济学学科建设不断地跃上新台阶。

　　主编第三套丛书旨在使辽宁大学的应用经济学一级学科建设有一个更大的发展。辽宁大学应用经济学学科的历史说长不长、说短不短。早在 1958 年建校伊始，便设经济系、财政系、计统系等 9 个系，其中经济系由原东北财经学院的工业经济、农业经济、贸易经济三系合成，财税系和计统系即原东北财经学院的财信系、计统系。后来院系调整，将经济系留在沈阳的辽宁大学，将财政系、计统系搬到在大连组建的辽宁财经学院（即现东北财经大学前身），对工业经济、农业经济、贸易经济三个专业的学生培养到毕业为止。由此形成了辽宁大学重点发展理论经济学（主要是政治经济学）、辽宁财经学院重点发展应用经济学的大体格局。实际上，后来辽宁大学也发展应用经济学，东北财经大学也发展理论经济学，发展得都不错。1978 年，辽宁大学恢复招收工业经济本科生，1980 年受人民银行总行委托、经教育部批准招收国际金融本科生，1984 年辽宁大学在全国第一批成立经济管理学院，增设计划统计、会计、保险、投资经济、国际贸易等本科专业。到 20 世纪 90 年代中期，已有西方经济学、世界经济、国民经济管理、国际金融、工业经济 5 个二级学科博士点，当时在全国同类院校似不多见。2000 年，辽宁大学在理论经济学一级学科博士点评审中名列全国第一名；2003 年，在应用经济学一级学科博士点评审中并列全国第一名；2010 年，新增金融、应用统计、税务、国际商务、保险等全国首批应用经济学类专业学位硕士点；2011 年，获全国第一批统计学一级学科博士点，从而成为经济学、统计学一级学科博士点"大满贯"。

在二级学科重点学科建设方面，1984 年，外国经济思想史即后来的西方经济学、政治经济学被评为省级重点学科；1995 年，西方经济学被评为省级重点学科，国民经济管理被确定为省级重点扶持学科；1997 年，西方经济学、国民经济管理、国际经济学被评为省级重点学科和重点扶持学科；2002 年、2007 年国民经济学连续两届被评为国家重点学科；2007 年，金融学被评为国家重点学科。

在一级学科重点学科建设方面，2008 年应用经济学被评为第一批一级学科省级重点学科，2009 年被确定为辽宁省"提升高等学校核心竞争力特色学科建设工程"高水平重点学科，2014 年被确定为辽宁省一流特色学科第一层次学科，2016 年被辽宁省人民政府确定为省一流学科。

在"211 工程"建设方面，应用经济学一级学科在"九五"立项的重点学科建设项目是"国民经济学与城市发展""世界经济与金融"；"十五"立项的重点学科建设项目是"辽宁城市经济"；"211 工程"三期立项的重点学科建设项目是"东北老工业基地全面振兴""金融可持续协调发展理论与政策"，基本上是围绕国家重点学科和省级重点学科而展开的。

经过多年的学科积淀与发展，辽宁大学应用经济学、理论经济学、统计学"三箭齐发"，国民经济学、金融学、世界经济三个国家重点学科"率先突破"，由长江学者特聘教授、"万人计划"第一批入选者、全国高校首届国家级教学名师领衔，中青年学术骨干梯次跟进，形成了一大批高水平的学术成果，培养出一批又一批优秀人才，多次获得国家级科研、教学奖励，在服务东北老工业基地全面振兴等方面做出了积极的贡献。

这套《辽宁大学应用经济学系列丛书》的编写，主要有三个目的：

一是促进应用经济学一级学科全面发展。以往辽宁大学主要依托国民经济学、金融学两个国家重点学科和区域经济学省级重点学科进行建设，取得了重要进展。这个"特色发展"的总体思路无疑是正确的。进入"十三五"时期，根据高校和区域特色，本学科确定了国民经济与地方政府创新、金融财政与区域发展、产业经济与技术创新、国际经贸与东北亚合作、区域经济与东北振兴等五个学术方向，主要建设目标是优先发展国家重点学科国民经济学、金融学，重点发展地方特色学科区域经济学、产业经济学、财政学和国际贸易学，协同发展重点支持学科经济统计学、数量经济学和劳动经济学，努力把本学科建设成为重点突出、地域特色鲜明、为国家经济建设和东北老工业基地全面振兴做出重大贡献、具有较大国际影响的一流学科。因此，本套丛书旨在为实现这一目标提供更大的平台支持。

二是加快培养中青年骨干教师茁壮成长。目前，本学科已建成长江学者特聘教授、"万人计划"第一批入选者、全国高校首届国家级教学名师领衔，教育部新世纪优秀人才、教育部教指委委员、省级教学名师、校级中青年骨干教师为中坚，以老带新、新老交替的学术梯队。本丛书设学术、青年学者、教材三个子系列，重点出版中青年教师的学术著作，带动他们尽快脱颖而出，力争早日担纲学科建设。与此同时，还设立了教材系列，促进教学与科研齐头并进。

　　三是在经济新常态、新一轮东北老工业基地全面振兴中做出更大贡献。对新形势、新任务、新考验，提供更多具有原创性的科研成果，具有较大影响的教学改革成果，具有更高决策咨询价值的"智库"成果。

　　这套系列丛书的出版，得到了辽宁大学校长潘一山教授和经济科学出版社党委书记、社长吕萍总编辑的支持，得到了学校发展规划处和计划财务处的帮助，受辽宁省一流特色学科和辽宁省 2011 协同创新中心建设经费共同资助。在丛书出版之际，谨向所有关心支持辽宁大学应用经济学建设和发展的各界朋友、向辛勤付出的学科团队成员表示衷心的感谢！

林木西

2016 年 12 月于蕙星楼

前　言

　　经济新常态下，东北地区经济下行压力过大。2014年，东北三省GDP增速全国垫底，再一次引发社会各界的广泛关注，被称为"新东北现象"。自改革开放以来，特别是2003年国家实施东北老工业基地振兴战略以来，东北地区经济发展取得明显成效和阶段性成果，经济总量迈上新台阶，民生有了明显改善。但新形势下，东北地区发展所面临的困难和挑战依旧严峻，体制机制性矛盾进一步凸显，结构性矛盾十分突出。全面深化改革、继续扩大开放是解决这些问题的治本之策。作为我国向北开放的重要窗口，"一带一路"建设为东北地区进一步扩大对外开放、促进经济增长提供了广阔的空间。

　　本书以对外开放为视角，研究其对东北地区经济增长的影响。通过实证分析以及与国内发达地区的比较，发现东北地区存在的主要问题有两方面：一是地区开放度相对较低；二是对外开放对经济增长的拉动作用不足。针对这两个主要问题，文章从区位因素、结构因素及相关制度因素展开了深入的成因分析，一方面，全球金融危机以及东北亚区域合作的复杂性制约了东北地区的对外开放；另一方面，东北地区的产业结构、国有企业、市场化程度等因素也抑制了对外开放水平及其效应的发挥。因此，主动融入"一带一路"建设，着力完善体制机制、推进结构调整、全面构建开放型经济新体系是东北地区实现扩大开放及新一轮全面振兴的必由之路。

　　本书的研究思路从以下四个方面展开：一是文献研究法和比较研究方法相结合。通过对已有的文献资料整理分析，并加以深化研究。本书的比较研究法主要体现在对外开放度的比较及对外开放度对经济增长弹性系数的比较。二是理论研究与实证研究相结合。本书所研究的问题需要以相关的理论为基础，并在此基础上进行实证检验，将二者相互结合，可以得出相对准确且可靠的结论。三是定量分析与定性分析相结合。本书运用综合评价体系，利用多种统计年鉴对东北地区的对外开放度进行准确测度。四是博弈分析方法。本书对中日经济合作关系进行了博弈分析。

全文共分为九章。第一章绪论，分别对本书的研究意义、研究目的、研究方法、基本结构与主要内容、主要创新点和不足之处加以阐述。第二章国内外文献综述，分别从国内外两个方面对对外开放与经济增长之间关系研究进行系统梳理和回顾。第三章对外开放与区域经济增长关系的理论，分别阐述了对外贸易与区域经济增长之间关系、外商直接投资与区域经济增长之间关系等相关理论。第四章东北地区对外开放与经济增长的现状分析，首先，从规模和结构角度对东北地区的对外贸易和引进外商直接投资进行分析；其次，从总量、速度和空间分布角度对东北地区的经济增长进行分析。第五章东北地区对外开放对经济增长影响的实证分析，首先，对东北地区对外开放度、贸易开放度和投资开放度进行测算和比较分析；其次，运用柯布—道格拉斯生产函数对东北地区对外开放度与经济增长之间关系进行实证分析，并基于面板数据，把东北地区与长三角和京津冀地区进行比较分析，这一章是论文的核心。第六章影响东北地区对外开放及经济增长的主要因素，首先，对东北对外开放的国际环境进行分析；其次，分别分析了区位因素、制度因素、结构因素对东北地区对外开放及经济增长的影响。第七章国内其他主要地区和城市的比较和借鉴，将山东、浙江、广东、福建和上海等地区和城市发展过程进行比较，并得出相应的启示。第八章东北地区对外开放面临的机遇与挑战，主要有：扎实推进"一带一路"建设对东北地区的新定位；扩大自贸区试点对东北地区的新机遇；扩大国际产能和装备制造合作对东北地区的新要求。第九章扩大东北地区对外开放促进经济增长的对策与建议，在本书研究和分析的基础上，提出四方面建议。

目　录

第一章

绪　　论

第一节　问题的提出

自 2008 年全球金融危机以来，世界经济格局发生了深刻的变化，中国经济发展进入以速度变化、结构优化、动力转化为特点的新常态阶段。面对国内外复杂多变的经济形势，东北地区的经济发展遇到了前所未有的困难和挑战，经济增长速度明显放缓，2014 年，东北三省 GDP 增速位列全国后五名，经济骤然低迷，引起了社会的广泛关注，被称为"新东北现象"。在如何理解东北老工业基地落伍的问题上，存在着多种不同的观点，诸如结构说、体制说、观念说等。这些观点都从不同侧面揭示了东北三省落伍的原因，但同时又不同程度地忽略了对外开放对东北经济发展的重大意义。沿海地区改革开放成功经验给东北地区提供了较好的参照，其模式的核心在于改革与开放的双轮驱动来实现社会的全方位协调发展。东北地区的经济发展以及改革问题也应该放在一个开放的环境中加以考虑，而不是用就改革而论改革的方法①。对外开放对

---

① 金强一.振兴东北老工业基地与对外开放度 [J]. 延边大学学报，2005，38（1）：5－11.

东北地区的经济增长有何影响，以及影响如何？本书以此为出发点，研究对外开放与东北地区经济增长之间的关系。

1984 年，大连被正式列为国家第二批开放的 14 个沿海城市之一，标志着东北地区正式对外开放。经过 30 多年的不懈奋斗，东北地区的对外开放取得了巨大成绩，特别是 2003 年国家开始实施振兴东北老工业基地战略以来，东北地区对外贸易和吸引外资稳步增加，对外开放的领域逐步扩大，对外开放的有利格局逐步形成，对东北地区的经济增长起到了积极的拉动作用。但是，随着世界经济的不断发展和改革开放的不断深入，对外开放的"门槛"逐步提高，一个地区的对外开放水平不仅体现在开放的规模和程度上，更重要体现在开放的质量和效应上。新形势下，东北地区自身的结构性问题进一步暴露，国有企业、产业结构、市场机制等方面的问题严重制约了对外开放的程度以及对经济增长的促进作用。东北地区的对外开放度低于全国平均水平，与东部沿海等发达地区相比更是相差甚远；同时，由于自身改革不到位，至今东北地区的经济增长还是以投资驱动为主，对外开放对经济增长的促进作用相对较小。如何解决东北地区当下在对外开放中存在的问题十分重要。

党的十八大以及"一带一路"战略的提出，为东北地区的对外开放及经济增长指明方向，并提供了前所未有的机遇。十八大报告提出"全面提高开放型经济水平，强调适应经济全球化新形势，必须实行更加积极主动的开放战略，完善互利共赢、多元平衡、安全高效的开放型经济体系"；"一带一路"战略横跨欧亚非三大洲，涵盖沿线的几十个国家，对优化我国经济发展空间、构建全方位对外开放新格局具有重要意义。作为国家重要老工业基地和对外开放的北向窗口，东北地区应抓住国家自由贸易区试点建设及扩大国际产能和装备制造合作等重要机遇，着力完善体制机制，着力推进结构调整，努力构建对外开放经济新体制；主动融入、积极参与"一带一路"建设，积极推动中蒙俄经济走廊建设，全面打造对外开放新格局，争取早日实现东北地区对外开放的进一步扩大和新一轮全面振兴。

第二节 研究的意义

研究对外开放对东北地区经济增长的影响，具有重要的理论和现实意义。

一、理论意义

（1）对建立和完善对外开放相关理论具有重要意义。目前，国内外关于对外贸易、外商直接投资的研究已相对比较成熟，形成了系统的理论和丰富的研究成果，但对于对外开放总体的研究还都停留在实证阶段，尚未建立有效的理论研究框架。本书在继承和集成相关理论的基础上，不仅构建了对外开放度的评价指标体系，还通过柯布—道格拉斯生产函数，构建了对外开放对经济增长影响的理论模型，从技术外溢角度对东北老工业基地对外开放与经济增长之间的关系进行分析。

（2）有利于进一步丰富老工业基地对外开放理论研究。东北老工业基地振兴战略是我国区域经济发展总体战略的重要组成部分，东北地区在"国家战略"中的重要地位在于"四国"（国计民生、国民装备、国家安全和国际竞争力），与此同时，东北老工业基地具有其特异性，在其经济结构及市场机制等方面都与沿海发达地区有所不同，对对外开放及经济增长都有着不同的要求。因此，研究东北地区对外开放对经济增长的影响，对于老工业基地如何构建开放型经济体系及开放新格局，具有很强的理论意义。

二、现实意义

（1）对进一步扩大东北地区对外开放具有重要意义。东北地区对外开放度相对较低，本书对影响东北地区对外开放的内外部因素进行了分析，并对如何构建东北地区对外开放新格局、提高对外贸易层次和水平、提升外商直接投资的规模和质量提出了有针对性和可操作性的相关对策和建议。

（2）对实现东北老工业基地新一轮振兴具有战略价值。东北老工业基地全面振兴目前已经进入新阶段，在新的起点上，扩大对外开放仍是全面振兴的强大动力。本书对东北地区对外开放及经济增长的研究，有助于推动东北地区进一步扩大对外开放、提升对外开放对经济增长的拉动作用，进而促进东北地区体制机制等自身问题的解决，加速东北地区经济转型升级，为东北老工业基地新一轮振兴提供强大动力。

第三节　研究的方法

（1）文献研究法和比较研究方法相结合。通过对已有的文献资料整理分析，并加以深化研究。本书的比较研究法主要体现在对外开放度的比较及对外开放度对经济增长弹性系数的比较。

（2）理论研究与实证研究相结合。本书所研究的问题需要以相关的理论为基础，并在此基础上进行实证检验，将二者相互结合，可以得出相对准确且可靠的结论。

（3）定量分析与定性分析相结合。本书运用综合评价体系，利用多种统计年鉴对东北地区的对外开放度进行准确测度。

（4）博弈分析方法。本书对中日经济合作关系进行了博弈分析。

第四节　基本结构与主要内容

全文共分为八章，相对应的主要内容为：

第一章绪论，分别对本书的研究意义、研究目的、研究方法、基本结构与主要内容、主要创新点和不足之处加以阐述。

第二章国内外文献综述，分别从国内外两个方面对对外开放与经济增长之间关系研究进行系统梳理和回顾。

第三章对外开放与区域经济增长关系的理论，分别阐述了对外贸易与区域经济增长之间关系、外商直接投资与区域经济增长之间关系等相关理论。

第四章东北地区对外开放与经济增长现状分析，首先，从规模和结构角度对东北地区的对外贸易和引进外商直接投资进行分析；其次，从总量、速度和空间分布角度对东北地区的经济增长进行分析。

第五章东北地区对外开放对经济增长影响的实证分析，首先，对东北地区对外开放度、贸易开放度和投资开放度进行测算和比较分析；其次，运用柯布—道格拉斯生产函数对东北地区对外开放度与经济增长之间关系进行实证分析，并基于面板数据，把东北地区与长三角和京津冀地区进行比较分析，这一章是本书研究的核心。

第六章影响东北地区对外开放及经济增长的主要因素，首先，对东北对外开放的国际环境进行分析；其次，分别分析了区位因素、制度因素、结构因素对东北地区对外开放及经济增长的影响。

第七章国内其他主要地区和城市的比较和借鉴，将山东、浙江、广东、福建和上海等地区和城市发展过程进行比较，并得出相应的启示。

第八章东北地区对外开放面临的机遇与挑战，主要有：扎实推进"一带一路"建设对东北地区的新定位，扩大自贸区试点对东北地区的新机遇，扩大国际产能和装备制造合作对东北地区的新要求。

第九章扩大东北地区对外开放促进经济增长的对策与建议，在本书研究和分析的基础上，提出四方面建议。

第五节　主要创新点及不足

（1）在理论分析上，从外贸和外资两方面对东北地区对外开放与经济增长的关系进行了全面的分析，对制度创新、产业结构调整及区域一体化对东北地区对外开放和经济增长的影响进行了系统研究。

（2）在研究方法上，在实证分析的基础上，对东北地区的对外开放度弹性系数进行了分析，以更好说明其与经济增长的关系。

（3）在对策研究方面，力争使对策建议具有较强的针对性和可操作性，从而促进东北地区扩大开放和经济增长。

本书不足之处主要是囿于现有指标及数据的取得性，因而在对外开放度的测算及分析方面有待进一步完善。

第二章

国内外文献综述

第一节 国外文献综述

一、对外贸易与经济增长的关系

对外贸易与经济增长之间的关系一直是学术界广泛讨论，且争议不休的话题。到目前为止，各种观点仍无法统一。比较有代表性的理论可以大致分为三类：一是贸易乐观论，认为对外贸易促进了经济增长；二是贸易悲观论，认为对外贸易制约了经济增长；三是贸易折中论，认为二者之间关系不大。

（一）贸易乐观论观点

斯密（1776）认为分工是促进劳动生产效率提高和经济增长的重要因素，而分工的程度受制于市场范围。对外贸易的实施可以扩大市场范围，为国内产品提供"剩余出路"，从而进一步促进分工的深化和劳动生产率的提高。这一论述和观点奠定了贸易乐观论的基础，但由于其理论构建于一国市场成本绝对低廉的基础之上，在解释现实生活中的常见现象时显得无能为力，因为一国即便在绝对成本上占据劣势时依然可以选择发展对外贸易以增进本国的总体福祉。

李嘉图（1817）创立了以比较优势为基础的自由贸易理论。该理论认为，在一定的社会条件下，如果每个国家集中力量生产和出口自己具备比较优势的产品，那么无论进行国际贸易的双方在比较优势的对比中呈现出何种状态，都无一例外地会从这种交易中获得好处，也势必将增进各自国家整体的经济福祉，这就是著名的比较优势理论。该理论将比较成本说提升到了新的理论高度并为积极发展对外贸易提供了依据。但也有明显缺欠，即仅以劳动衡量市场成本而忽略了其他稀缺资源的影响。

赫克歇尔—俄林（1919）在李嘉图的基础上提出了要素禀赋理论，引入了劳动因素以外的变量，强调了禀赋资源对贸易的影响，认为一个国家应专注于使用本国成本相对较低的要素（资本或劳动）进行生产并将所得产品用于交换，从而获得比较利益。

马克卢普、哈·罗德（1936）为代表的凯恩斯主义学者创立了对外贸易乘数理论，指出商品或劳务出口所得的货币收入，将增加出口部门的收入、刺激消费的增长、带动其他产业部门的生产以及就业的增长。循环往复，收入增加量将为出口增加量的若干倍。

罗伯特逊（1937）在前人的基础上提出了增长引擎理论，对一些国家通过对外贸易，特别是扩大出口以刺激本国经济增长的现象进行解释。20 世纪 50 年代的学者纳克斯则对该理论做了进一步的延伸，他指出对外贸易对经济增长的贡献有两大来源：一是根据比较优势原则进行分工的对外贸易，优化了资源配置，提高了产量和消费水平；二是对外贸易的发展扩大了生产规模，形成并传导了规模经济利益。

（二）贸易折中论观点

克拉维斯（1970）认为贸易发展并非经济增长的原动力，而仅仅是经济增长的"侍女"，经济体内部的有利条件才是促进经济增长的真正原因，外部需求只起辅助作用，且在不同时期不同国家的重要程度也不尽相同。

哈根（1980）等经济学家更深层次地研究了克拉维斯的"内部的有利条件"，并从出口贸易促进技术进步的角度寻找经济增长的动力所在。认为出口需求的迅速增长将刺激技术创新，进而使得更为先进的技术与科学的管理方法被采用，其出口产品的数量与质量都将出现极大提高，从而增加国民收入；同时，这种技术外溢效应也将引导其他非出口产业优化升级，结果必然推动国内生产总值在质和量上的飞跃。

（三）贸易悲观论观点

尽管贸易乐观主义在学术界获得广泛的支持，但现实中不乏发展中国家对外贸易未能促进经济发展的案例。这引发了一些经济学家的思考，部分学者对贸易乐观主义产生了质疑，并提出了截然相反的观点。

刘易斯（1954）提出二元经济模型，认为发展中国家的贸易增长不仅与其本身的经济增长关系密切，更重要的是受发达国家经济增长的制约，发展中国家无限量地向世界市场供应劳动力，导致生产剩余向发达国家的转移，进而阻碍了发展中国家的资本积累及经济增长。最后得出结论，发展中国家只有降低对国际贸易的依存度并对本国的工业实施保护才能摆脱自身在国际分工中的被动依附状态。

普雷维什、辛格（1949）基于"中心—外围"学说提出了"贸易条件恶化论"。该理论认为，在国际经济分工格局中，发达国家位于世界经济的"中心"，发展中国家则处于"外围"，二者对劳动力的价格和供给、初级产品和制成品供求条件的影响并不完全相同。普拉维什对于1876～1938年英国贸易条件进行了统计分析，结果表明，初级产品的价格下降幅度远超制成品，这也就意味着发展中国家需要出口更多的初级产品才能足以维持原先的进口水平。因此，发展中国家高度依赖国际分工与对外贸易，必将导致本国贸易条件恶化，以至于影响本国的工业化进程。

二、引进外商直接投资与经济增长的关系

随着国际资本流动范围的扩大以及流动速度的加快，有关外商直接投资（FDI）与经济增长关系的研究也逐步深入。概括来说主要有三方面：一是资本积累效应，二是技术外溢效应，三是"门槛"效应。

（一）资本积累效应

后凯恩斯主义增长模型认为：外商直接投资可以增加东道国经济的资本积累，进而促进本国经济增长，即从资本积累效应视角诠释了 FDI 与经济增长之间的关系。罗丹（1961）提出了储蓄缺口理论，麦金农（1964）提出了外汇缺口理论。其中，最具有代表性的是美国经济学家钱纳里（1966）提出的两缺口理论，该理论是在储蓄缺口理论和外汇缺口理论的基础上提出的。该理论最本质的观点是，一个欠发达国家一般都会存在储蓄和外汇储备不足问题，吸收外资可以填补储蓄缺口和外汇缺口，并以此维持经济增长：一方面，积极地吸引外资流入不仅使得国内储蓄缺乏的问题得到有效缓解，而且还在此基础上使得当地的投资规模得以扩大；另一方面，引入外资就意味着可以进口先进的技术设备，就可以在减轻外汇匮乏负担的同时提高生产能力。

两缺口理论强调了发展中国家利用外资的重要性，为发展中国家实现储蓄缺口与外汇缺口的调整，保持经济的平稳增长提供了理论依据。但这一理论也存在不足，如不能有效地解释对于拥有充足储蓄余额和外汇盈余的国家为什么还要进一步扩大外资的引进，也不能充分地解释发达国家之间双向投资逐渐增多的事实。这些疑问都促使后来的学者对其进行进一步拓展，双缺口理论逐步扩展到包括技术缺口、效率缺口等在内的"三缺口"理论、"四缺口"理论等。

（二）技术外溢效应

麦克杜格尔（MacDougall，1960）最早明确提出了 FDI 溢出效应的

概念，认为FDI可以通过多种途径对东道国经济增长产生影响，一方面，可以通过扩大东道国的生产能力、产生规模效应等促进经济增长；另一方面，对国内资本形成、贸易条件和国际收支有双向影响，整体上可能存在负效应。

以索洛（1956）为代表的新古典经济增长理论认为，技术进步和劳动力增长驱动了经济长期增长，但技术是外生给定的，FDI仅仅被认为是实物资本的一种形式，对东道国的经济增长作用有限。

20世纪80年代，新经济增长理论出现。罗默（1986）和卢卡斯（1988）等的研究成为FDI经济行为相关理论的基础。这一理论认为技术是内生的，技术进步将导致规模报酬递增，从而促进经济的长期增长。大量外国资本的流入不仅能解决东道国资本积累问题，还可以带来技术的扩散和转移，从而使很多东道国公司获得"外部性"收益。欠发达东道国企业通过FDI的引进，学习和吸收发达国家先进的技术，引入新人力资本来促进经济增长。新经济增长模型将技术要素作为重要的内生变量，不仅为较落后东道国利用FDI的技术外溢效应来促进国内经济持续稳定增长提供理论依据，而且促使了学术界对有关FDI技术外溢效应做出更深入的研究分析。

科科（Kokko，1998）对FDI技术溢出效应进行了进一步研究和分类，提出了广义技术溢出效益和狭义技术溢出效应的概念，并把FDI的技术溢出渠道分为示范—模仿效应、竞争效应、人力资源流动效应、产业关联效应四种类型。

（三）"门槛"效应

多数学者认为，FDI对东道国经济增长的促进作用需要一定的条件作为基础，即存在"门槛"效应。东道国只有满足相关条件的前提下，FDI的技术溢出等效应才能更有效、更明显的发挥。

伯仁茨特恩（Borensztein，1998）和徐（Xu，2000）通过实证检验了人力资本存量、FDI及经济增长之间的关系，认为东道国只有在人力资本存量充足的前提下，才能更好地获取FDI的技术外溢效应，至此也开启了人力资本与技术吸收问题研究的先河。伊斯特利（Easterly，1999）认为，当外资企业和国内企业收益和技术差距较大时，东道国通过采取一些优惠政策来吸引大量外资流入，会对经济增长产生不利影响：一方面，FDI 的技术溢出效应难以发挥；另一方面，FDI 会对国内投资产生"挤出效应"。吉尔马（Girma，2001）和杰伯（Jabbour，2007）通过研究也得出类似结论，认为 FDI 的技术溢出效应随着内外资企业的技术差距的扩大而减少。小泽征尔（Ozawa，1992）认为，市场机制是影响 FDI 的引进及其效应发挥的重要因素，在市场机制不完善的情况下，跨国公司的进入往往会加剧市场的扭曲程度；健康、完善的市场机制可以有效缓解市场失灵，加快 FDI 技术溢出效应的产生和传播，促进经济增长。巴拉苏布雷曼亚姆（Balasubramanyam，1996）也强调了市场竞争机制的重要性，认为市场竞争程度越高，本地企业通过加大研发扶持力度来提高市场竞争力的意愿就越明显。利维尔（Helliwell，1994）的研究发现，对外开放程度与 FDI 技术外溢效应之间存在正相关关系，对外开放度越高，东道国学习借鉴国外的先进技术的机会就越多。高开放度的国家或地区能够通过劳动要素流动、模仿竞争、产业关联等渠道积极吸取 FDI 的技术外溢效应。

三、对外开放与经济增长的关系

有关对外开放与经济增长关系的研究，主要有两种观点：一种观点认为二者之间存在正相关关系，即对外开放促进了一个国家或地区的经济增长；另一种观点认为二者之间关系不明显，对外开放有利有弊，特别对欠发达国家或地区来说，不恰当的对外开放会带来国内产业受到冲击的风险。

具体来说，哈里森（HarriSon，1996）实证检验了对外开放与经济增长的关系，所得到的结论随所用数据时期的变化而变化：在 7 个对外开放度指标中，当使用截面数据时，只有 1 个指标会对经济增长产生正向的显著影响；当使用五年的年均数据时，有 3 个指标与经济增长存在正向影响；当使用年度数据时，则有 6 个指标与经济增长有显著的影响。辛哈（Sinha，2002）选取多个经济发展较快的亚洲国家，对其经济增长率与对外开放度、投资增长率和人口增长率的关系进行实证检验，结果是经济增长与对外开放度、投资增长率存在显著的正相关关系，为这些亚洲国家进一步扩大对外开放，增加投资提供了依据。亚纳克卡亚（Yani-kkaya. H，2003）用两类贸易开放度指标来考察对外开放与经济增长之间的关系。样本选取了既有发达又有欠发达的 100 多个国家，数据选取 1970～1997 年的面板数据。结果显示，不仅基于贸易量度量的贸易开放度指标与经济增长之间正相关，而且基于贸易限制度量的贸易开放度指标也得到了同样的结论。玛瓦哈（Marwaha，2004）运用最小二乘法分析了 1970～1998 年菲律宾、马来西亚和泰国进口对经济增长的贡献度，结果分别为 0.287、0.443 和 0.428。奥古阿塞尔（Alguacil，2004）采用 VAR 模型实证分析了拉丁美洲发展中国家的产出与经济开放度的关系，结论也支持经济开放度促进经济增长的观点。埃里尔（Erika，2005）分析了包括中国在内的几十个国家 1970～1999 年的数据，结果显示外商直接投资不仅会直接推动东道国的经济增长，而且也带动了东道国人力资本存量的提高，进而间接地推动了经济的进一步增长。

相反，也有一些学者认为对外开放与经济增长之间关系不显著。孔斯特和马林（Kunst & Marin，1989）通过实证分析发现，出口并不总是使得产出增加，而是产出增加促使出口扩大。莱文和瑞耐特（LeVine & Renelt，1992）的实证分析也得出了类似的结论。

第二节　国内文献综述

一、对外贸易与经济增长关系

改革开放以来，我国在经济建设方面取得了举世瞩目的成就。随着计量经济学在国内的显著发展，越来越多的国内学者也开始了对该问题的分析研究，其中大部分学者均利用我国相应的时间序列数据进行检验。

在此之中，佟家栋（1995）最先对经济增长与进口贸易的关系做出研究，他利用 1953～1990 年进口额与国民收入的数据进行了简单的线性回归分析，研究发现进口额增长与国民收入增长之间的关系是正相关的。随后，他又把传统工业部门分别划为轻工业部门和重工业部门两类，利用 1953～1989 年的进口额对这两个部门的产量进行了简单回归分析，在研究中得出进口对于轻工业和重工业的发展和增长均有积极作用这一结论。李文（1997）则应用经济增长理论和经济增长模型，研究我国出口部门及非出口部门的全要素生产率的关系，发现出口增长对我国经济增长具有推动作用。兰宜生、孔炯炯（2006）通过实证分析，证实我国的对外贸易与经济增长间存在较强相关关系，并提出应大力推动贸易自由化进程，积极参与多边或区域经济组织，进而带动我国经济发展。田素华、尹翔硕（2006）通过研究阻碍经济持续增长的要素约束，探索对外贸易在克服制约经济增长的特定要素约束方面的正面效应，有利于我国选择适当的外贸政策以实现经济持续稳定增长。胡勇（2008）将服务贸易对浙江国内生产总值（GDP）增长的影响进行实证检验，发现浙江服贸出口会推动经济发展，而进口则会阻碍经济发展。白雪飞、岳金梅（2007）应用格兰杰因果关系检验方法和协整理论，定量分析了辽宁省对外贸易发展和经济增长间的关系。他们研究发现，辽宁省的外贸与经济增长间存在长期稳定关系，而对外贸易与经济增长之间存在单项因果关系，说明辽宁省对外贸易对经济增长具有积极作用，但作用不明显。张丽华（2008）使用 1986～2007 年湖北省外贸与 GDP 数据，应用协整方法证明了湖北省 GDP 与进出口间存在协整关系，也就是说 GDP 与进出口间存在着长期的均衡关系。吕品（2009）通过选取 1986～2006 年的吉林省进出口额、进口额、出口额、净出口额及地区生产总值等数据，采用协整和格兰杰因果检验的方法，对吉林省的外贸与经济增长关系进行实证分析，得出 GDP 与进出口之间存在着长期的均衡关系，并在 10% 的显著性水平上得到浙江省 GDP 与出口存在着单向因果关系的结论。尹芳（2010）选用了黑龙江 1982～2008 年这 27 年的数据，使用计量经济学中常见的格兰杰因果检验法和协整检验法，同样得到黑龙江省对外贸易与经济增长存在长期平稳关系，进口对经济增长呈单向因果关系，然而出口对经济增长的效用并未显著表现的研究结果。

二、引进外商直接投资与经济增长关系

自改革开放以来，我国获得大量外商直接投资，使我国成为世界上经济最活跃的地区之一，引发许多国内学者开始关注外商投资对于中国经济增长的影响这一问题。

其中，江小娟（2000）认为：外资所起到的作用远超内资，这是由于外资在给我国带来大量的资本的同时，还能起到促进技术进步、提升产业结构优化升级的作用。江小娟（2002）详尽地阐明了 FDI 对推动经济发展的直接贡献，对技术进步与产业结构优化升级的积极作用，对扩大出口和改善出口商品结构的积极意义与对增强研究与发展能力的突出贡献。从研究中可以发现，外资经济在推动中国经济的持续增长的同时，也改变着中国经济的增长方式，提升了中国经济发展的质量。王英、刘思峰（2003）使用灰色关联分析法，实证检验了我国经济增长与对外开放度的关系，并得到外国直接投资对于经济增长的影响最大，出口对于经济增长的作用并不突出的结论。任永菊（2003）使用 VAR 方法，通过分析我国 1998～2002 年的有关数据，研究我国经济增长与外商投资的关系，最终同样发现两者存在着长期均衡的协整关系，且推算出外商直接投资对我国 GDP 的贡献度达到了 10.33%。何枫、陈荣（2004）则利用随机前沿分析模型（基于对数柯布—道格拉斯生产函数），研究经济开放度指标的省际不均衡性对经济效率省际差异的影响。从研究结果中可以得出经济开放度对我国技术效率提高有着巨大的贡献，特别是国际贸易的影响力要远远低于外商直接投资。张天顶

（2004）基于新制度经济学和新增长理论的研究成果，在考察 FDI 影响经济增长的传导机制的同时，还构建分解模型分析中国经济增长的源泉，得出 FDI 对中国经济发展的贡献率。吴浦超（2004）利用 1978 ~ 2001 年有关数据，进行了 VEC 模型分析与协整检验，分析 FDI 与对经济增长的关系，得出 FDI 与 GDP 之间存在长期稳定关系的结论，FDI 对中国经济发展存在积极效应，而中国经济的增长也使得 FDI 流入中国。毛新雅、王桂新（2006）运用内生经济增长理论对外商投资对长江三角洲地区的资本形成及经济增长效应进行分析，结果显示：外商直接投资对于地区的经济增长存在显著的促进作用。钟晓兵、伍楠林、白双鹏（2009）基于 1986 ~ 2006 年黑龙江的 FDI 与 GDP 数据，使用了格兰杰因果检验与协整检验的计量方法对黑龙江省外商直接投资与其经济增长的关系进行分析，并得出外商直接投资会促进黑龙江省的经济增长之一结论。除此以外，石传玉等（2010）、吕晓英（2010）等也通过应用计量经济学的方法对我国或部分地区进行了大量的专业分析，结论大都支持外商直接投资会促进经济增长的观点。刘艳（2010）则从对外贸易、FDI 的现状分析入手，以重庆市为例，运用协整分析和格兰杰因果关系检验进行实证分析，调研 FDI、协整检验与重庆市的经济增长之间的关系，研究发现重庆市对外贸易、FDI 对经济增长的影响不明显，对外开放水平有待提高。杨坚和常远（2011）通过分析中部地区 1995 ~ 2008 年的省际面板数据，研究发现外商直接投资虽然对经济增长存在推动作用，但远远不及内资对经济的拉动作用。何兴强（2014）则利用门槛回归分析法，得到了外商直接投资可以通过技术溢出效应推动经济发展这一结论，不过其溢出效应也同时受到吸收能力门槛的制约。

三、综合对外开放度指标的测度

在对外开放程度不断提高的情况下，我国整体对外开放程度不能够仅仅以相关物品自由流通的开放度来衡量，由此产生了对外开放度相关测度指标及测度方法问题。主要包括：指标选取和指标的权重两个方面。

（一）指标选取

李翀（1998）构建了测量对外开放程度的综合指标体系。他保留了传统用来衡量贸易领域开放的对外贸易比率指标，引入了两个测度指标，对外投资比率与对外金融比率，来测度投资与金融领域的开放程度。他定义了三个一级指标，即用 GDP 中进出口总额所占比重来表示对外贸易率；用 GDP 中商业与中央银行的对外资产与负债额所占比重来表示对外金融比率；用 GDP 中本国对外与接受外来投资额所占比重来反映对外投资率。相比仅仅刻画对外开放的指标，这三个指标全面地反映了经济对外开放的主要方面。谭影慧（2000）等也利用了这一指标体系。在一级指标的基础上，黄繁华（2001）把一级指标细化为二级指标：用服务与商品贸易开放度这两个指标来更精确地表示对外贸易率，用来反映服务与商品两个领域的开放度问题，通过计算商品贸易进出口总额在 GDP 中的比例和服务贸易进出口总额在 GDP 的比例来得到；对外投资比率分为直接投资开放度与间接投资开放度，分别用来表示直接投资领域和间接投资领域的开放，由国际直接投资当年流入流出额占 GDP 的比重与国际间接投资当年流入流出额占 GDP 的比重计算，这一系列二级指标的利用更细致地描述了对外开放程度。国内仍有若干学者利用综合指标体系测算对外开放度，较有影响力的有：（1）黄德发（2000）选取了六个指标研究综合指标体系，经济效益水平、生产开放度、投资结构水平、贸易开放度、贸易结构水平与贸易开放度。（2）吴园一（2000）选取五个指标进行研究，有利用外资率、外资利用率的实际占协议比率、制成品依存度、出口依存度与国内资金供求比。（3）李翀（1998）选用三个指标构建指标体系，有对外投资、贸易与金融比率。（4）刘朝明和韦海明（2001）选取四个指标构建指标体系，有国际投资、商品贸易、金融与贸易的开放度。此外，还有若干学者构建了指标体系研究对外开放度问题，详述如表 2-1 所示。

表 2 - 1　　　　　　　　国内学者对外开放度指标选用情况

提出者	指标体系
罗龙（1990）	出口覆盖率 有形贸易开放度 无形贸易开放度 部门间分工参与度 部门内分工参与度 资金流动度
曲如晓（1997）	商品贸易额/GDP 劳务贸易额/GDP 长期投资额/GDP
解念慈、魏宁（1988）	对外贸易总额/GNP 资本的国际流动总额/GNP 劳务贸易额/GNP
李雪芳（1998）	进出口总额/国土面积 非贸易往来/国土面积 长期资本/国土面积
李心丹、路林、傅浩（1999）	贸易总额/GDP 金融指标
孟夏（1999）	进出口总额/GDP 外资流入额/GDP
谭慧影（2000）	对外贸易比率 对外融资比率 对外投资比率 对外政策开放度
黄繁华（2001）	商品贸易额/GDP 服务贸易额/GDP 直接贸易额/GDP 间接贸易额/GDP
胡智、刘志雄（2005）	贸易开放度 实际关税率 金融开放度 投资开放度 生产开放度
谢守红（2006）	外资依存度 外贸依存度 对外开放度

续表

提出者	指标体系
庞智强（2007）	贸易活跃度 投资依存度 国内旅游依存度 国内技术依存度 国内信息交流活跃度
王发明（2008）	出口依存度 进口依存度 高科技产品出口占总出口比重
周茂荣（2009）	关税率 外贸依存度 投资率 非关税壁垒度
孙丽冬、陈耀辉（2010）	商品贸易开放度 服务贸易开放度 直接投资开放度 证券投资开放度 外商直接投资开放度 中国在外直接投资开放度 旅游开放度
许和连、包群、赖明勇（2011）	贸易数量限制 集成关税率 平均关税率 贸易实际流量/贸易流动预测值
徐冉（2012）	进出口总额/GDP 贸易依存度 实际利用外商投资额 外贸依存度 对外开放度 世界优秀企业进驻数
孙慧、韩菲菲（2013）	对外开放竞争力规模指标 对外开放竞争力引资指标 地区进出口水平变化指标 旅游开放水平指标
刘婷（2014）	对外经贸合作开放度 投资市场开放度 对外金融开放度
齐晓辉、刘亿（2015）	外贸依存度 外资依存度 国际旅游依存度

(二) 指标的权重

1. 传统赋权法

国内部分学者通过外贸依存度与外资依存度等指标来衡量整体对外开放度，具体方式是将这两个指标进行代数求和。兰宜生（1998）认为，外贸依存度和外资依存度分别可以从不同角度衡量对外开放度。因此可以用二者之和表示整体对外开放程度。此方法主要优点为方式简单、可操作性较强。该方法一经提出便被学界多位学者所认可。罗忠洲（2007）运用该方法计算珠三角地区、长三角地区和环渤海地区三个区域的对外开放水平，并将数据进行比较。其后使用截面数据分析这些地区经济增长与对外开放程度之间的关系。还有学者将外贸依存度与外资依存度进一步细分，形成多个二级指标来评价一个区域的对外开放程度。黄繁华（2001）将外贸依存度与外资依存度进一步细分，把贸易开放度进一步分为商品与贸易两个方面，而投资开放度指标则考虑了直接投入与间接投入的流入额、流出额两个不同因素。

2. 主观赋权法

不同于传统赋权法，主观赋值法认为指标体系中的各指标对于对外开放度的影响各不相同，有的影响较大，有的影响较小。因此，在对外开放度的测评中，应该注意到这个问题，给予不同的指标以不同的权重，以使对外开放度的衡量更为精确。该方法的具体操作方式为，通过参照以往数据并结合个人的主观判断给各指标赋予在 0 到 1 区间内的权值，值得注意的是在赋权过程中应保证所有的 P 值的加总为 1。解念慈和魏宁（1988）基于资本的国际流动、国际贸易以及劳务贸易额三者之间的大致比例为 4:2:1 这一客观事实，为对外贸易总额/GNP、资本国际流动总额/GNP、劳务贸易总额/GNP 三项指标赋以 4/7、2/7、1/7 的权重。随后根据各指标数值及自身所具有的权重，测算了出我国的对外开放程度。李翀（1998）认为，可以构建对外开放度的评价指标体系来进行精确的测量，其指标体系包括国际贸易指标（进出口贸易总额/GDP）、国际金融指标（对外资产与债务总额/GDP）、国际投资指标

（对外投资总额/GDP）三个指标，随后其分别对三个指标赋予 40%、30%、30% 的权重，用以测算出我国的对外开放程度。在国内的相关研究中，这是首次将国际金融这一指标纳入对外开放度的评价指标体系，国内相关研究也从此开始将金融领域纳入对外开放度的测算范围内。黄德发（2000）构建了包括贸易开放度、资本开放度、生产开放度、贸易结构水平、投资结构水平、经济效益水平这六个指标在内的评价指标体系来测算了广东省的对外开放程度，分别赋予这六个指标 0.2、0.2、0.2、0.2、0.1、0.1 的权重。通过测算后得到结论：广东省的对外开放水平不断提高，对外开放程度在国内处于领先地位。

3. 平均赋权法

平均赋权法包括算术平均赋权法和加权平均赋权法。

（1）算术平均赋权法。这种方法是根据用于构建对外开放度评价指标体系的指标个数进行平均赋权，具体方法为取指标个数的倒数来作为每个指标的权重。谢守红（2010）选择出口依存度和资本依存度两个评价指标，对指标都赋予 1/2 的权值来评价长江三角洲地区 15 个城市的对外开放度，基于此来分析投资对国际经济的依赖程度。国内相当一部分学者如隆国强和邱薇（2010）、刘黎清（2010）等都是通过算术平均赋权法来对指标进行赋权。

（2）加权平均赋权法。加权平均赋权法从计算方法角度可以划分为绝对指标加权平均赋权法与相对指标加权平均赋权法。前者指计算权重的指标是绝对数值，而后者是计算权重的指标是相对数值。张庆君（2009）选择贸易开放度、资本开放度与生产开放度这三个指标，通过绝对指标赋权法计算相关权重，并结合指标数值评价了辽宁省的对外开放度。陈辉和牛叔文（2010）则运用相对指标加权平均赋值法对外贸开放度、外资开放度、工程及劳务开放度、国际旅游开放度等指标进行加权平均来计算甘肃省的对外开放程度。

4. 数理统计赋权法

数理统计赋权法指的是通过计算机上相关统计软件进行分析，进而对对外开放度指标体系中的各指标进行权重的计算，最后结合指标数值测算对外开放度。这种方法一般需要建立对外开放度的数学模型，然后借助相应领域的专业软件进行处理，基于相应的表达式进行指标权重的计算，因而这种方法又被称为模型赋值法。刘朝明和韦海鸣（2001）建立了包括商品贸易开放度、投资开放度、金融开放度、服务贸易开放度在内的对外开放度评价指标体系，使用聚类分析的方法，测算了世界上 14 个国家的对外开放度。最后基于实证分析得到结论：对外开放度与一国的经济发展水平具有反比例关系，即国民生产总值越高则对外贸易比例就越低；生产力发展水平与对外开放度有正比例关系；人口数和对外开放度有反比例关系。许和连、包群和赖明勇（2003）通过建立多元线性回归的数学模型，选取 5 种指标来计算我国的对外开放度。得到了测算的贸易开放度与所采取的度量方法与度量指标有关的结论。康继军、张宗益和傅蕴英（2007）构建了包含 8 个指标在内的评价指标体系，通过主成分分析法来对这些指标进行赋权，测算出我国的对外开放度，并基于分析得出结论，即对外开放度不仅在在短期内能够促进经济增长，而且在长期内与经济增长也存在着均衡关系。

与此同时，在赋权方法领域，还存在着主客观同时进行赋权的方法。即部分指标采用主观赋权而另一部分指标则采用客观赋权，这是一种比较特殊的情况。孙丽冬和陈耀辉（2008）建立了包括对外贸易开放度、对外投资开放度和对外经济合作开放度等五个指标在内的评价指标体系，通过主客观同时进行赋权的方法对其进行赋权，贴合了实际情况，测算了我国的对外开放度。

四、对外开放与经济增长的关系

我国幅员辽阔，地区间经济结构及发展水平差异较大，近年来，我国学者分别从不同的层面对二者的关系进行了实证研究，得出的结论也不尽相同。具体可以分为国家层面和地区、省际层面。

从国家层面来看，刘学武（2000）利用计量经济学中的误差修正模型方法，对我国 1989～1999 年的经济增长与消费、投资、进口和出口之间的关系进行了实证分析，结果表明它们之间具有长期的均衡关系。黄蔚、方齐云（2006）运用协整方法，通过建立对外开放度内生化的生产函数，实证分析了对外开放与经济增长之间的关系。结果显示：我国的实际产出、对外开放度、就业人口及实际资本存量之间至少存在单向的因果关系；并且对外开放度与经济增长之间存在一种长期稳定的均衡关系，即对外开放促进了经济增长。康赞亮、张必松（2006）采集了 1983～2004 年我国的有关数据，对我国的对外贸易和外商直接投资与 GDP 增长进行了协整分析和格兰杰因果检验，得出的结论是：我国的对外贸易、外商直接投资与 GDP 增长之间存在着长期均衡的协整关系，GDP 的增长与 FDI 之间存在双向的因果关系。吴玉珊（2006）通过研究，印证了我国实行的对外开放政策的积极作用，认为出口贸易和实际使用外资对我国经济增长的拉动作用非常大。曹博（2015）通过我国 1985～2012 年的相关数据，分析了我国对外开放对收入分配的影响，结果显示贸易开放的扩大会提高收入的差异程度。

从地区、省际层面来看，谢守红（2003）对我国各省区 1990～2000 年的对外开放度进行测算和比较，结果显示：自 20 世纪 90 年代以来，虽然我国各省区对外开放的总体格局没有太大变化，但各省的排序发生了些许变化，对外开放的程度和规模普遍提高；并且，各省区之间对外开放度存在巨大差异，特别是东部沿海地区与中西部地区之间差异显著。何正霞（2006）实证分析并比较了珠三角地区和长三角地区的对外开放及经济增长后发现：相对于长三角而言，珠三角地区的进出口和外商直接投资的增长速度较慢，而且相关对外开放指数开始呈下降趋势，出口对经济增长的拉动作用逐步减弱。王鹏（2007）对广东省对外开放度与区域经济增长的长期均衡和短期波动进行实证分析，结果显示各项指标都与 GDP 增长均存在正向的协整关系，广东省的 GDP 增长与粤港贸易依存度互为因果关系。王选选（2009）在研究我国东、中、西和东北四个地区 FDI 对区域收入差距的影响时发现：以外商直接投资占 GDP 比重表示的经济外向度对中、西、东北地区影响显著，但是对东部地区经济增长的拉动作用却不明显，这可能与东部地区高外向度引起的经济失衡有关，因此认为扩大开放能缩小东部地区与其他地区的差距。

五、关于东北地区的对外开放

罗维燕（2007）实证分析了东北地区及全国对外贸易与经济增长之间的关系，结果发现，与全国相比东北地区贸易对经济增长的促进作用还存在差距。宋维佳（2008）认为随着投资国家的逐渐增多及外商投资方式的多元化发展，东北老工业基地的振兴也必须走全面开放的新路子，提出利用外资与自身的产业优势、区位和地理优势、资源优势和政策优势相结合，做到扩大引资区域，实现利用外资的多重目标，通过与跨国公司的高起点嫁接，全面改善东北地区吸引外资的软硬环境，实现其经济全面协调发展。林木西（2012）认为东北区域一体化和东北亚区域合作是东北老工业基地全面振兴的强大动力。沈万根（2013）认为东北地区利用外商直接投资与沿海发达地区相比仍存在着总体规模小、来源地集中、结构不合理、地区分布不均衡等问题，强调东北地区应充分利用好辽宁沿海经济带、长吉图开发与开放先导区两大国家战略带来的机遇，营造良好的投资软环境，加强基础设施建设，扩充投资来源地，优化投资结构，加强各省份之间的合作，以增强东北地区的引资能力。赵淑婷（2015）运用主成分分析法对东北的对外开放程度进行了测算，并将其与我国东部地区、中部地区及西部地区进行了比较，结果表明东北地区对外开放度仍处在较低的水平。吕瑶和蒋晓梅（2015）运用 2007 ~ 2013 年的面板数据，对东北三省的对外开放度与经济增长之间关系进行了回归分析，结果显示贸易开放度不仅与经济增长之间正相关，并且对开放度的变化影响较大。潘宏（2015）认为虽然东北地区利用外资促进东北老工业基地振兴取得了积极的成效，但东北地区在宏观经济环境、引资环境、引资方式、引资理念及外资的产业结构分布等方面存在的问题，仍旧严重制约着东北地区引用外资的整体水平，进一步创新和完善国际投资体系，是提高东北老工业基地对外开放水平，实现东北再振兴的当务之急。刘降斌、塞欢和蔡勉希（2015）基于东北三省2002～2012年的面板数据，通过构建一个以劳动力、内资和外资为要素的生产模型，在混合回归、固定效应估计和随机效应估计的基础上，运用豪斯曼检验选择了最适合的固定效应估计方法，对其相关指标进行了分析。其研究结果表明这三要素虽然没有对地区经济的增长产生"挤出效应"，但其弹性都大于0小于1，同时对东北三省经济增长的固定效应存在明显的差异。周学仁、刘跃（2015）在构建外商直接投资技术水平和贸易结构衡量指标的基础上，衡量了东北地区FDI技术水平和贸易结构，并利用EG两步法和边界检验法对东北地区FDI技术水平与贸易结构的协整关系进行了检验。结论是：东北地区FDI来源地分布结构对FDI技术水平有显著影响；东北三省外资企业与内资企业劳动生产率的关系差异明显；在东北三省中，辽宁省出口贸易品综合技术水平相对更高，而黑龙江省和吉林省进口贸易品综合技术水平相对更高；协整关系检验结果表明，东北地区FDI技术水平与贸易结构在多数情况下存在协整关系，且变量之间的正向作用关系非常显著。迟福林（2015）认为对外开放是东北振兴动力的重中之重，对外开放程度不足是制约东北地区区域经济发展的一个重要因素，开放度低也严重阻碍了东北老工业基地产业结构调整的速度以及经济体制改革的进程。在未来的发展中，东北地区应抓住扩大对外开放这个关键，加大改革创新的力度。

六、关于东北地区制度创新与经济增长

林木西、时家贤（2004）根据东北老工业基地20多年调整与改造的经验，提出体制创新是东北老工业基地振兴的关键。高晶（2004）也从制度视角剖析了东北老工业基地衰落的原因，认为制度供给的非均衡性使得东北老工业基地缺乏"先发"优势，制度变迁的强制性使东

北老工业基地缺乏创新激励，制度安排的低效性使东北老工业基地的创新土壤先天不足，制度变迁的路径依赖使东北老工业基地体制锁定概率高。因此，振兴东北老工业基地的关键就是进行制度创新。杨春峰（2006）研究了东北国有企业体制现状和存在的问题，并在此基础上从产权制度改革、实现企业家价值、增强竞争意识、改革企业收入分配制度等方面提出了促进东北企业制度创新的对策措施。包红君（2010）认为在老工业基地振兴中政府角色的正确定位是关键。由于长期受计划经济体制影响，万能政府的思维定式、"当家做主"的意识及东北独特地域文化的影响，东北地区地方政府履行职能存在严重问题，表现为典型的强势政府：机构大、职能宽、干预重、审批多；政企不分情况严重，政府既是"裁判员"又是"运动员"；履行职能的行政行为不规范，人情行政、经验行政突出；市场意识转换缓慢等，东北地区地方政府职能的转变是老工业基地发展的关键因素。关扬、庞雅莉（2013）认为国有经济所占比重过大、民营经济发展步伐缓慢、既得利益者阻碍改革等因素制约了东北地区地方政府职能转变。徐卓顺（2015）通过对东北三省各产业投资与产业关联度的分析，得出东北地区产业投资结构不协调以及产业内投资结构也不协调的结论，并提出通过提升产业自主创新能力、巩固和改造支柱产业、优化产业内部结构、增强产业间关联效应、改善区域投资环境、加强民间投资引导力度、优化东北地区产业投资结构等对策。刘力臻、王庆龙（2015）认为东北地区的内向型封闭经济模式弱化了市场机制，加大了产业升级的难度，不利于东北地区的可持续协调发展。并指出未来转型发展的重点：一是加快基础设施建设；二是推进市场化改革；三是加强与外界的经贸往来。宋冬林（2015）认为东北老工业基地创新创业的主要制约因素还是体制机制问题，主要体现在相关政策不完善、创新创业需求不足、高校创新创业教育存在问题、尚未建立创新创新的生态系统等方面，"新东北现象"的实质还是东北地区经济体制、产业结构和微观主体这种"铁三角"结构的老问题所导致的。因此，促进创新创业，进一步推动东北老工业基地振兴，要以激发市场活力为突破口，大力发展民营经济、深化国企改革和设立国家自主创新示范区等。薛伟莲、周风（2016）根据东北地区经济社会发展的特点，建立了三层指标体系来考察各省的自主创新能力，结论是辽宁最强，黑龙江次之，吉林最弱。

第三章

对外开放与区域经济
增长关系的理论

第一节　对外贸易与区域经济增长

一、有效需求理论

凯恩斯（1936）提出有效需求理论，认为有效需求不足是失业和经济危机的原因。在实际经济运行中，总需求往往小于总供给，即存在"有效需求不足"。除此以外，凯恩斯还认为，有三条心理规律影响着人们的经济行为：消费倾向递减规律、资本边际效率递减和货币"流动性偏好"。由于这三条心理规律的作用，在现实经济中，人们的收入不能全部转化为有效需求，导致了整个社会的有效需求不足。

为拉动总需求，使其与总供给在充分就业水平上实现均衡，凯恩斯提出在经济萧条时期政府对经济干预的最有效办法是财政政策和货币政策：一是赤字财政预算。即政府通过赤字预算，由国家直接进行投资或消费弥补私人消费和投资的不足，以提高国人收入和就业水平。二是适度通货膨胀。采用扩张性的货币政策，通过调整法定准备金率，再贴现率和公开市场业务扩大社会支出，刺激私人投资。三是政府对国际贸易进行干预。以此扩大出口，抑制进口，通过乘数作用增加本国收入，解决失业和经济危机所带来的影响。总之，通过上述政策刺激消费需求、投资需求和净出口需求，从而促进经济增长，实现充分就业。凯恩斯的"有效需求"理论在经济发展和贸易理论发展史上，具有重要的里程碑意义，为后来的"三驾马车"等重要理论提供了基础。

二、发动机理论

罗伯逊（1937）提出对外贸易是"经济增长发动机"的观点。此后，诺克斯（1961）等又补充和发展了这一命题，并受到学界的广泛关注。发动机理论的提出，既迎合了发达国家希望通过扩大对外贸易来促进经济增长的需要，同时又激起了发展中国家的浓厚兴趣，从而引发了各国学界研究对外贸易与经济增长关系的热潮，罗伯逊、诺克斯及其追随者后来被称为 R－N 学派。

关于对外贸易促进经济增长的途径，R－N 学派认为有以下几种：

（一）静态贸易利益对经济增长的直接贡献

R－N 学派秉承新古典贸易理论，认为由于各国商品比较成本的不同导致了国际贸易的发生。如果各国都集中出口具有比较成本优势的商品，则各国都能通过贸易获得在数量上优于本国直接生产的产品，进而促使消费水平高于各国的生产可能性曲线，提升各国福利水平。这种静态贸易利益的增加本身也意味着经济增长。

（二）对外贸易可以提高进口水平进而促进经济增长

进口可以有效克服国内资源的短缺，充分发挥比较优势，进行专业化生产，提高生产效率，进而促进经济增长。

（三）对外贸易的增长会促进投资领域的资源优化配置

在对外贸易扩大的进程中，各国资金都会流向国内具有比较优势的领域，即最优效率的领域，实现资源的优化配置，同时不断扩大出口部门的产出规模，进而加快经济增长。此外，出口部门在自身快速发展的同时，还可通过前向和后向联系带动一系列工业部门共同增长，通过"乘数效应"为国家创造大量就业机会，进而有效促进经济增长。

（四）对外贸易可使一国获得规模经济效益

国家间的贸易往来可以开拓国际市场，从而使本国产品进入更广阔的市场，进而扩大生产规模、有效降低生产成本，获得规模经济效益。

（五）对外贸易加剧市场竞争，有效提高国内生产效率

国际贸易的不断发展及各国进出口迅速增长，会加剧世界市场竞争，各国企业为了谋求生存必将努力降低生产成本，提升产品质量，提高生产经营效率，促进经济增长。

（六）贸易中心国家的经济增长可以带动其他国家的经济增长

中心国家由于对初级产品的需求增加，进而可将自身的经济增长率传递给其他国家。

三、外贸乘数理论

凯恩斯（1936）首次提出了对外贸易乘数理论。他指出，一国的出口对国民收入有正向作用，进口则相反。当一国出口商品和劳务时，其从他国获得的货币收入将增加出口产业的生产、就业和收入。周而复

始，国民收入的增加量将是出口的数倍。进口的作用效果正好相反，会使国民收入减少数倍。因此只有在贸易顺差时，才能增加就业，并使国民收入数倍增加。

国民收入的恒等式为：$Y = C_0 + cY + G + I + NX$　　　　(3.1)

其中 Y 表示国内生产总值；C_0 表示自主消费；c 表示边际消费倾向；G 表示政府支出；I 表示投资；NX 表示净出口。

净出口 = 出口 – 进口，即：$NX = X - M_0 - mY$　　　　(3.2)

其中 X 表示出口；M_0 表示自主进口；m 表示边际进口倾向。

假定政府购买支出和投资不变，则对外贸易乘数为：

$$K = dY/dX = 1/(1 + c + m)$$　　　　(3.3)

由此可见，一国贸易顺差所得利益与贸易顺差量成正比，即与对外贸易乘数 K 成正比。K 越大，贸易顺差对该国经济增长的促进作用越大，并且国民收入的增量是贸易顺差量的数倍。所以，一国越是扩大出口，限制进口，越是有利于促进本国经济增长。

四、技术溢出效应理论

赖明勇等（2004）认为，对外贸易的技术溢出效应主要表现在五个方面：一是传导效应。开放度越高的国家在与其他国家的贸易中学到先进技术的可能性就越大。二是学习效应。出口可以得到国外消费者对产品性能提出的反馈，在竞争加剧的国际市场中，企业可以依照市场需求优化产品结构，同时激发企业创新意识并引进新技术。三是示范效应。通过对新产品的演示和对用户进行应用技能方面的培训，不仅可以使其他企业得到新产品的信息，还有助于其掌握市场需求，并且通过技术外溢来学习模仿和创新，使企业用更低廉的成本生产出类似的产品。四是竞争效应。出口部门由于面临国际市场竞争压力，会不断增大研发力度，降低生产成本，提高生产效率，提升产品质量。五是产业关联效应。贸易部门通过上游和下游之间的产业链发生作用，并与国内相应的各部门产生关联，从而带动相关产业的技术进步。

第二节 外商直接投资与区域经济增长

一、"双缺口"理论

钱纳里（1966）提出了著名的"双缺口"理论，认为当发展中国家在经济发展中，资源的需求数量和国内最大的有效供给之间往往会存在缺口，引入外部资源就成为弥补这些缺口的有效途径。

"双缺口"主要是指储蓄缺口和外汇缺口，根据国民经济核算的基本恒等式可以得出：

$$C + I + G + X = C + S + T + M \qquad (3.4)$$

其中 C 表示消费；I 表示投资；G 表示政府支出；X 表示出口；S 代表储蓄；T 代表税收；M 代表进口。

假设政府收支相抵，即 $G = T$，则有：$I - S = M - X$ $\qquad$ (3.5)

等式左边即"储蓄缺口"，等式右边即"外汇缺口"。

遵循两个缺口应该平衡的原理，若出现储蓄缺口，则应靠增大外汇缺口来平衡，这就需要减少外汇储备或对外融资来实现。该理论的核心在于指明发展中国家的国内有效供给和资源计划需求间存在缺口，也就是储蓄缺口与外汇缺口，而弥补这两个缺口的有效手段就是利用外资。值得注意的是，双缺口的平衡属于事后平衡，决定这两个缺口的四要素在事前都是独立变动的，储蓄缺口与外汇缺口不一定相等，要使这两个缺口平衡，必须要做适当的调整。一方面，利用外资可以增加出口能力，从而弥补外汇缺口；另一方面，利用外资可以通过投资来增加一国收入，并相应地增加其储蓄，从而弥补储蓄缺口。这样两个缺口可以在更高的经济增长率下达到均衡，此时不仅能缩小两缺口，还能提高经济增长率。"双缺口"模型强调了发展中国家在促进经济增长时，利用外资这一手段的必要性和重要作用。

二、新古典增长理论

索洛（1956）的新古典增长模型认为，FDI 可以直接和间接影响经济增长。首先，引进 FDI 能促进资本存量的增加，例如购置机器设备、新建工厂设施以及基础设施等，进而能够直接有效地促进经济增长。其次，引进 FDI 可通过消费、就业、储蓄和出口等宏观变量，间接地促进国民经济的增长。同时，跨国公司在与当地公司竞争时，为了克服地理及文化差异等弱势条件，会开发更有效的技术，开拓更广阔的市场以及提升管理水平等，促进东道国技术、设备、基础设施的增加，进而促进东道国的经济增长。

值得注意的是，新古典增长理论认为 FDI 促进资本形成，只能对短期的经济增长产生影响。在资本边际收益率递减的假设前提下，长期的经济增长只源于劳动力自然增长和技术进步等外生性变量，FDI 对产出增长的影响程度是有限的。因此，新古典增长理论表明，技术进步是国家人均收入增长的源泉。一国在增加储蓄与引进外资时，要重视资本数量的形成，更要关注资本质量的提升，要将投资与技术的引进和创新相结合。

三、内生增长理论

罗默（1986）和卢卡斯（1988）在对新古典增长模型重新思考的基础上，开创了内生增长理论。该理论研究经济的持续增长是如何被经济系统内生决定的。这一理论从人力资本（卢卡斯）、知识积累（罗默）等方面展开了对技术进步原因的分析，提出技术进步是内生的，是影响经济增长的主要因素，技术进步可以是自主创新，也可以是从外部引进、模仿和学习。之后，赫尔普曼（1991）等经济学家指出，本国研发往往不是导致一国技术变化的主要原因，而是国外技术转移、扩散导致的结果，其中 FDI 已成为国际技术扩散的重要渠道，FDI 不仅可以解决东道国的资本短缺问题，而且可以带来先进的思想、技术以及管理经验等。

引进 FDI 会使国内企业在与外资企业竞争过程中，注重自己企业产品的研发、质量以及人才的更新。FDI 的这种"外部性"会对东道国的经济发展产生无意识影响的间接作用，并对经济增长产生长期影响，这正是内生增长理论的核心内容。随着内生增长理论的出现，FDI 的作用得到了全新的评价。

四、技术溢出效应理论

布罗姆斯特伦和库科（1998）在前人研究的基础上认为，FDI 的技术溢出效应是指，跨国公司在东道国的 FDI 引起了当地技术或生产力的进步，而跨国公司无法获取其中全部收益的一种经济外部效应。

FDI 的技术溢出渠道主要有：一是示范—模仿效应。由于东道国与跨国公司企业技术水平存在一定差距，因此就会通过向跨国公司的接触与学习来不断提高自身的技术水平以及劳动生产率，通过观摩、模仿与学习来努力缩小差距，示范—模仿效应是最典型的技术扩散途径。二是竞争效应。一方面，由于 FDI 的进入通常会给东道国企业带来竞争压力，迫使其加大研发投入，推动其技术进步，从而带来正的溢出效应；另一方面，相对弱势的内资企业有可能无法在激烈的竞争中占有优势，使技术水平下滑，从而产生负的溢出效应。三是人力资源流动效应。主要是外资企业就职和培训的技术工人、管理人员进入东道国企业，所产生的技术和知识溢出。四是产业关联效应。产业关联效应是一种产业间溢出，主要是指外资企业与东道国企业在经济交往中，通过与上下游企业之间发生的后向关联效应和前向关联效应，从而产生的技术溢出效应。

第三节　区域经济增长与对外贸易、外商直接投资

区域经济增长与产业结构、市场化程度、制度（包括正式制度和非

正式制度）和政策因素等有着直接关系，一个地区的经济增长水平直接影响对外贸易、引进外资及其效应的发挥。

一、产业结构

产业结构对对外贸易、引进外资的影响主要是间接影响：一方面，产业结构与一个国家或地区的经济发展战略选择以及贸易结构有着直接关系；另一方面，经济发展战略和贸易结构又直接影响一个国家或地区的整体对外开放水平。

（一）产业结构与经济发展战略的关系

发展中国家的经济发展战略主要有进口替代战略和出口导向战略，产业结构直接影响发展战略的选择。进口替代战略的目标是以传统工业中的支柱产业为基础，如钢铁、化学、石油、汽车、家用电器等工业支柱产业，构建一套独立完整的工业体系；出口导向战略的目标则以本国的优势产业为基础，选择能充分利用本国人力和物力，具有比较成本优势的产业，构建参加国际分工的工业体系。两种经济发展战略的产业结构基础不同，对对外贸易和吸引外资也有不同的影响，一般来讲，相对于进口替代型战略而言，出口导向型战略更有利于一个国家或地区的对外开放。

（二）产业结构与贸易结构的关系

产业结构与贸易结构之间相互促进、相互影响。一方面，一国贸易结构应该随一国比较优势的变化做出相应的调整；另一方面，出口贸易结构由于受国际竞争压力的影响，必将对国内产业的发展起到导向作用，进而使国内产业结构和产品结构随之做出调整。若一国的贸易结构能够随着比较优势和国际市场的变化相应改变，进而实现贸易结构和产业结构的相互促进，那么该国就能获得更大的贸易利益。相反，如果一国产业结构跟不上贸易结构的变化要求，或是变化滞缓，则无法最大限度地获得贸易利益以及促进经济增长。通常情况下，随着一国对外经济的不断发展，一国贸易结构和产业结构如果逐渐从初级产品向劳动密集型工业制成品，资本、技术密集型工业制成品和服务产品升级，则该国会获得更大的贸易利益以及经济增长率。

二、市场化程度

市场经济是开放经济。市场经济体制是否完善，体系是否健全是对外开放以及地区经济发展的基础性条件。只有在一个完善的市场体系状态下，市场机制才能有效运转，才能确立由供求关系决定价格的价格形成机制，形成优胜劣汰的竞争机制，建立有效配置和整合生产要素的激励机制。对外开放才能以市场机制为手段推动生产要素的合理流动和资源的优化配置，从而促进经济发展。

（1）从资源配置角度来看，一国市场化程度越高，市场资源配置的效果越明显，对外贸易和外商直接投资对经济增长的拉动作用越大。市场化程度高、竞争性强意味着商品市场以及劳动力、资本、技术等要素市场的流动性强并富有弹性，不存在价格垄断，各种信息较为透明。同时，政府会通过宏观措施加强国内竞争机制，促进国内企业通过竞争提高国际竞争力，以缓解国际竞争压力。在这样一个资源配置扭曲较少的市场环境中，作为微观主体的企业或个人在追求利润最大化时，会根据市场环境的变化及时做出最优决策，从而带来整体经济的有效增长。相反，如果市场化程度较低，比如要素流动存在障碍，那么出口部门的扩张和带动效应就会受到制约，对外贸易和外商直接投资对经济增长的拉动作用变小。

（2）从技术溢出角度来看，东道国市场竞争程度对本国对外贸易和外商直接投资的技术溢出效应会产生重要影响。其市场竞争越充分有效，越有利于技术溢出效应的产生。东道国的市场竞争程度会影响跨国公司的母公司向子公司转移技术的先进程度和转移速率，如果东道国市场竞争激烈，则跨国公司会受到同行业其他跨国公司以及东道国当地企业的竞争威胁，为确保其自身利益和市场地位不受威胁，跨国公司必然会加快转移先进技术，从而加快技术溢出速度。如果东道国市场竞争不充分，跨国公司感觉不到竞争威胁，只要其还保有竞争优势地位，就不会考虑从母公司转移更先进的技术，从而不利于技术溢出效应的产生。

三、制度和政策因素

制度对一国的对外开放和经济发展具有决定性影响。其中企业制度、地方政府制度及非正式制度对对外贸易和外商直接投资的影响较大，主要是：

（一）企业制度

外贸、外资和对外经济合作与企业有着直接的关系。企业制度主要是现代企业制度、现代产权制度和企业治理结构等，与对外开放关系密切。不仅如此，企业生产经营机制对对外开放至关重要。在开放条件下，市场竞争加剧，作为微观主体的企业或个人在追求利润最大化时会根据价格和竞争环境的变化及时做出战略调整，改变经营方式，提高生产效率，降低经营和生产成本，引进和提高自己的技术水平。但国有企业受政府意志以及预算软约束，无法以利润为导向，即便面对国际竞争压力，企业也会无动于衷，对对外贸易和外商直接投资的竞争效应无法实现。一方面会影响该地区到对外贸易和外商直接投资的总量，另一方面也会影响到国有企业国际竞争力的提高。

（二）地方政府制度

区域对外开放和经济增长与地方政府之间相互联系又相互制约。中国各地区市场化制度变迁过程表明，在区域发展和振兴过程中，政府及其制度创新具有关键意义。转变地方政府职能、构建有限而有效的服务型政府是我国社会主义市场经济的必然选择；充分发挥市场机制在资源配置中的基础性作用，实现政府职能与市场机制的最佳组合也是我国扩大对外贸易、充分吸引外资的客观要求。地方政府制度创新促进区域对外开放和经济增长主要体现在：一是通过培育和完善市场体系，引导企业更加适合经济全球化、一体化发展的需要，提高企业参与全球市场经济的竞争能力；二是建立和完善市场经济相关的法律规范，依照法律法规有效监督市场主体行为，保证市场经济以良好的秩序运行；三是为社会提供全面服务，塑造高效的营运环境，招商、安商、富商，促进对外开放和经济增长。

（三）文化和观念

一个国家和地区的文化开放程度，直接影响该地区对外开放度及经济发展。外来的新观念、新思想是引致制度变迁、促进经济增长的重要条件，一个国家和地区的文化对外来思想和观念的包容程度、宽容程度以及开放程度，是断定这种文化能否给一个国家和地区带来经济繁荣的重要标准。这是一种非正式制度，亦即对外开放的软环境，在很大程度上决定对外开放的广度和深度。

第四节　经济全球化、区域一体化与对外开放、区域经济增长

一、经济全球化

（一）经济全球化给发展中国家带来机遇

一是经济全球化扩大了外商直接投资在本国经济增长中的资本效应和外溢效应。一方面，外商直接投资填补了国内资金缺口，扩大了资本等生产要素的规模，直接促进了经济增长；另一方面，外商直接投资的

技术外溢效应促进了发展中国家的技术进步，增加了劳动力及资本的流动性，间接地促进了经济发展。二是经济全球化加快了发展中国家对外贸易的发展，作为拉动经济增长的"三驾马车"之一，进出口贸易对经济增长的贡献率及促进作用不可替代。三是经济全球化给发展中国家带来了大量的技术及资金，有助于其产业结构的调整和升级。四是经济全球化加快了发展中国家市场化改革的步伐，有助于其建立和完善市场经济体系。五是经济全球化为发展中国家实施"走出去"战略提供广阔的空间和市场。六是经济全球化为各国经济发展提供了稳定和平的国际环境①。

（二）经济全球化给发展中国家带来挑战

一是全球经济化给发展中国家带来了受国际经济波动冲击的风险。随着融入世界经济程度的不断加深，发展中国家的对外贸易、外资流入等对外开放的持续发展已经与世界经济高度相关，极易受全球经济波动的影响。二是经济全球化给发展中国家的政府职能带来新要求。面对世界贸易组织（WTO）等世界组织的新规则，发展中国家的政府部门不仅要审时度势，保持国家宏观经济的稳定发展，还要对加快推进市场化改革、完善创新自身的管理机制以应对经济全球化的新发展。三是经济全球化给发展中国家的国内企业带来巨大的竞争压力。面对国际市场，受国家政策保护的优势已不复存在，前所未有的竞争环境对国内企业加快转型升级、提升自身产品的国际竞争力以应对国际市场提出了更高的要求。

二、区域一体化

区域经济一体化既可以理解为区域内各成员经济日益融合的一个动

---

① 李艳秋. 试论在经济全球化背景下中国的对外开放政策［J］. 北方经贸，2012（8）：13－15.

态过程，也可以指区域内成员紧密合作的一种状态。一个动态的过程，就是合作逐步深化、合作层次不断提高的进程；一种经济联系状态，就有紧密和松散之分。通常区域经济一体化做以下分类：一是按照贸易自由化和经济的联系程度差异可以分为自由贸易区（FTA）、关税同盟、共同市场、经济同盟和完全经济一体化；二是按照区域经济合作的组织形式可以分为功能性经济一体化和制度性经济一体化；三是按照参与国际分工结构可以分为"南南型"区域经济一体化、"北南型"区域经济一体化和"北北型"区域经济一体化。

（一）区域一体化促进地区贸易量的提高

在区域经济一体化的进程中，区域集团内部各成员国之间可以通过签订贸易协定等方式来扩大彼此间的贸易量，实现各成员间经济效率的提高。一方面，区域一体化促使集团内的关税壁垒降低，增加了产业间的竞争性。另一方面，区域一体化还扩大了消费市场，为集团内的消费者提供了更多的消费机会。

（二）区域一体化促进地区吸引外资的增加

区域一体化的进程往往被视为一种吸引外国直接投资的方式。有研究表明：两个国家即便在资本过剩的条件下，相互间的资本回报率仍然能够呈现增长的态势。相对于非贸易品来讲，区域合作能够降低贸易品的交易成本，并且，如果贸易品相对于非贸易的资本密集度高的话，区域合作能够增加资本的需求，提高回报率。同时，区域合作增加了生产资本密集度、鼓励了技术进步、提高了市场竞争程度，直接和间接地推动了投资的增加。

（三）区域一体化有助于改善产业布局

区域经济合作会促进产业集聚及产业转移的产生，从而推动产业结构的调整，促进经济发展。因为区域经济合作能够扩大市场，从而可以更有效地利用企业之间的链条。如果区域经济合作的规模足够大，它便会使产业从一个成员方转移到另一个成员方，也有可能从集团外部将产业吸引到集团内部来，产业集聚主要集中在经济比较发达的国家①。

① 崔日明，包艳，张楠．东北亚区域经济合作与辽宁老工业基地振兴互动研究［M］．北京：经济科学出版社，2010：9．

第四章

东北地区对外开放与
经济增长现状分析

第一节　东北地区的对外贸易

一、东北地区扩大对外贸易的历史演进

东北地区位于我国东北部，包括辽宁省、吉林省和黑龙江省，总土地面积为78.8万平方公里，占中国陆地总面积的8.2%。东北地区地理位置优越，南临渤海、黄海，北与俄罗斯接壤，东与朝鲜接壤，并有悠长的边界线。1984年，大连被列为国家第二批14个开放的口岸城市之一，东北地区正式拉开了对外开放的序幕。2003年国家实施东北老工业基地振兴政策以来，东北地区的对外开放出现了新局面，2009年辽宁沿海经济带、长吉图对外开放先导区，2010年沈阳经济区先后上升为国家战略，2015年中央提出"中俄蒙经济走廊"与"一带一路"战略对接，使东北地区成为国家向北开放的主要窗口，所有这些都为东北地区对外开放、进出口贸易发展提供了重要的机遇。综观东北地区30多年的开放历程，东北地区对外贸易发展大致可划分为以下四个阶段：

第一阶段：萌芽阶段（1984～1991年）。改革开放初期，特别是在1984年辽宁大连率先对外开放以后，东北地区凭借天然的地理位置优势，以及国家在对外贸易方面的政策，开始了对外贸易的探索。这个阶段东北的对外贸易主要集中在辽宁省及大连市，其他两省相对较少。截至1991年，东北三省GDP总额达466.98亿美元，进出口总额达100.97亿美元，净出口达62.52亿美元，虽然整体规模较小，但为东北三省日后对外贸易的发展奠定了一定的基础。

第二阶段：起步阶段（1992～2002年）。1992年邓小平"南方谈话""十四大"的召开，标志着我国进入了改革开放和现代化建设的全面开放时期。1992年以来的十年间，东北三省的对外贸易取得了长足的进步。2002年，东三省的GDP总额为1382.62亿美元，比1992年的542.33亿美元增加了2.55倍；进出口总额为297.97亿美元，与1992年的124.64亿美元相比增加了2.39倍。1992～2002年，东北三省净出口总额呈波动下降趋势，由1992年的61.72亿美元下降至2002年的24.59亿美元，表明东北三省的出口和进口差距逐渐缩小，进口增长较快，主要是以零部件进口为主的劳务制造业企业发展所致（如汽车行业等）。同时值得注意的是，1997年爆发的亚洲金融危机对出口导向较弱的东北地区冲击较大，造成1998年东北三省进出口总额增长率为负（-5.06%），出口总额也有接近15亿美元的下降，但在1999年又恢复了金融危机之前的状况。2001年，我国正式加入WTO，成为世贸组织的成员国，是中国对外开放的一个新契机，也加快了东北三省对外贸易的步伐。总体而言，东北三省的对外开放在1992年以来的10年间进入了一个较快的发展时期。

第三阶段：加速阶段（2003～2007年）。2003年10月，国家开始实施振兴东北老工业基地战略，促进了东北地区的对外开放，也为对外贸易带来了新的机遇。在国家进一步促进东北地区对外开放的指导原则下，东北各省纷纷将扩大对外贸易作为一项重要工作来抓，对外贸易开始加速发展。2007年，东北三省GDP总额达3097.4亿美元，进出口总额870.68亿美元、出口额514.57亿美元、进口总额356.11亿美元，分别是2003

年的 2.29 倍、2.62 倍、1.94 倍。与此同时，为了保护我国多边贸易的安全，中国人民银行根据我国对外贸易的发展状况，在 2005 年进行了一系列汇率改革措施，间接地促进了东北地区的贸易发展。

第四阶段：波动式发展阶段（2008 年至今）。2008 年全球金融危机影响了全世界的经济与贸易，东北三省也不例外。2009 年东三省进出口总额为 908.88 亿美元，增长率为 -16.37%，波动较大。从 2010 年起，东北地区的对外贸易开始企稳回升，并再度保持较高的增速，当年进出口总额增长率高达 35.35%。2012 年至今，随着我国经济进入新常态，我国东北地区的对外贸易转入了低速增长阶段。

二、东北地区对外贸易的规模

（一）辽宁省

在东北三省中，辽宁进出口总额所占比重稳定在 65% ~ 70%，表明辽宁在东北三省对外贸易中占有举足轻重的地位。由表 4-1 和图 4-1 可以看出，1990 ~ 2014 年，辽宁省 GDP 一直呈稳步上升趋势，从 1990 年的 222.17 亿美元增长至 2014 年的 4622.26 亿美元，增长了近 20 倍，平均增长率为 13.48%。辽宁省进出口总额从 1990 ~ 2014 年总体呈上升趋势。但由于受 1997 年东亚金融危机和 2008 年全球金融危机两次危机的影响，1998 年和 2009 年辽宁省进出口总额出现了负增长。由于整个世界经济一直处于不稳定的状态，因而辽宁进出口总额增长率呈波动趋势，但平均增长率相对较稳定，维持在 10% 左右。值得注意的是，2009 年辽宁进出口总额增长率为 -13.14%，下滑明显，可见金融危机不仅对东部其他沿海省份出口导向型经济影响严重，而且对辽宁这样的进口替代型经济影响也不容忽视。辽宁经济的下滑势必会带动东北三省经济总额的下降。在辽宁 1990 ~ 2014 年的对外经济贸易中，辽宁出口总额一直大于进口总额，因而辽宁净出口一直为正数且总体呈逐步上升趋势。但在 2009 年由于受金融危机的影响，辽宁进口和出口都有明显的下降，净出口由 2008 年的 116.60 亿美元下降为 2009 年的 39.60 亿美元，整个经济态势疲软，呈下滑趋势，2010 年恢复为 55.70 亿美元，一直到 2012 年净出口回升至 100 亿美元以上，经济回暖现象明显。

表 4 - 1　　　　　　　　辽宁省对外贸易情况

年份	地区生产总值（亿美元）	进出口总额（亿美元）	进出口总额增长率（％）	进出口总额占东北三省比重（％）	出口总额（亿美元）	进口总额（亿美元）	净出口（亿美元）
1990	222.17	63.20	—	72.10	56.10	7.10	49.00
1991	225.44	67.30	6.49	66.65	57.70	9.60	48.10
1992	267.11	76.60	13.82	61.46	61.80	14.80	47.00
1993	348.98	84.60	10.44	57.39	62.10	22.50	39.60
1994	285.63	97.00	14.66	61.64	68.70	28.30	40.40
1995	334.50	109.90	13.30	68.30	82.60	27.30	55.30
1996	379.80	112.50	2.37	68.03	83.40	29.10	54.30
1997	432.16	129.60	15.20	75.01	88.90	40.70	48.20
1998	468.86	127.40	- 1.70	77.67	80.50	46.90	33.60
1999	503.93	137.30	7.77	75.70	82.00	55.30	26.70
2000	564.01	190.20	38.53	77.44	108.50	81.70	26.80
2001	608.08	199.10	4.68	75.34	111.10	88.00	23.10
2002	659.44	217.40	9.19	72.96	123.70	93.70	30.00
2003	725.20	265.60	22.17	69.78	146.30	119.30	27.00
2004	806.11	344.40	29.67	71.72	189.20	155.20	34.00
2005	982.37	410.10	19.08	71.81	234.40	175.70	58.70
2006	1167.18	483.90	18.00	69.96	283.20	200.70	82.50
2007	1468.21	594.70	22.90	68.30	353.30	241.40	111.90
2008	1968.09	724.40	21.81	66.65	420.50	303.90	116.60
2009	2226.98	629.20	- 13.14	69.23	334.40	294.80	39.60
2010	2726.54	806.70	28.21	65.58	431.20	375.50	55.70
2011	3441.30	959.60	18.95	61.31	510.40	449.20	61.20
2012	3936.07	1039.90	8.37	62.50	579.50	460.40	119.10
2013	4372.16	1142.80	9.90	63.84	645.40	497.20	148.00
2014	4622.26	1139.60	- 0.00	63.58	587.59	552.01	35.58

资料来源：辽宁省统计年鉴（1991～2015 年），地区生产总值按当年的平均汇率计算。

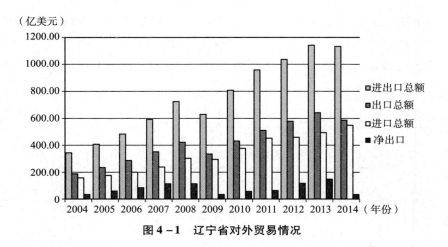

（亿美元）

图4-1　辽宁省对外贸易情况

（二）吉林省

总体说来，吉林省的进出口总额在东北三省所占比重总体维持在15%~20%左右，所占比重不大。由表4-2和图4-2可以看出，吉林省GDP 1990~2014年总体呈上升趋势，从1990年的88.91亿美元增长至2014年的2228.86亿美元，增长近24倍，平均增长率为14.37%，经济状况有了明显的改善。1990年以来，吉林的进出口稳步增长，在2009年有小幅下降，由133.41亿美元下降为117.47亿美元，2010年又迅速回升至168.46亿美元并保持增长趋势，2014年为263.78亿美元，金融危机对吉林的对外贸易影响较小。1990~1997年，吉林的出口总额一直大于进口总额但差距逐年缩小，1997年以后，吉林的进口总额超过出口总额，净出口额由正转负，由0.11%变为-0.55%，1998年以后一直为负，且进口越来越大于出口，对外贸易由顺差转为逆差，逆差越来越严重。2014年净出口高达-148.22亿美元，可见吉林经济对外依赖性较强，出口疲软。同时，在1995年、1997年、1998年、2005年、2009年，吉林的进出口总额增长率为负，说明相对其他省份，吉林省对外贸易发展缓慢。

表 4-2　　　　　　　　　　吉林省对外贸易情况

年份	地区生产总值（亿美元）	进出口总额（亿美元）	进出口总额增长率（%）	进出口总额占东北三省比重（%）	出口总额（亿美元）	进口总额（亿美元）	净出口（亿美元）
1990	88.91	9.53	—	10.87	7.52	2.01	5.50
1991	87.06	13.49	41.59	13.36	10.27	3.22	7.05
1992	101.20	19.23	42.50	15.43	13.07	6.16	6.91
1993	124.71	29.81	55.04	20.22	16.16	13.65	2.52
1994	108.80	36.12	21.17	22.95	20.22	15.90	4.33
1995	136.18	27.14	-24.86	16.87	14.19	12.95	1.25
1996	161.99	28.37	4.54	17.16	15.04	13.33	1.72
1997	176.64	18.54	-34.64	10.73	9.33	9.21	0.11
1998	190.49	16.53	-10.87	10.08	7.49	9.04	-1.55
1999	203.19	22.17	34.13	12.22	10.20	11.97	-1.78
2000	235.74	25.54	15.20	10.40	12.42	13.12	-0.71
2001	256.17	31.33	22.68	11.86	14.63	16.70	-2.06
2002	283.74	37.07	18.32	12.44	17.68	19.39	-1.71
2003	321.62	61.72	66.49	16.22	21.62	40.10	-18.48
2004	377.20	67.93	10.06	14.15	17.15	50.78	-33.63
2005	441.94	65.28	-3.90	11.43	24.67	40.61	-15.94
2006	536.28	79.14	21.23	11.44	29.97	49.17	-19.21
2007	694.99	102.99	30.14	11.83	38.58	64.41	-25.83
2008	925.27	133.41	29.53	12.28	47.72	85.69	-37.97
2009	1065.55	117.47	-11.95	12.92	31.32	86.15	-54.84
2010	1280.39	168.46	43.41	13.69	44.76	123.70	-78.93
2011	1636.35	220.47	30.87	14.09	49.98	170.49	-120.50
2012	1891.36	245.72	11.45	14.77	59.83	185.89	-126.06
2013	2096.08	258.53	5.21	14.44	67.57	190.96	-123.39
2014	2228.86	263.78	2.03	14.72	57.78	206.00	-148.22

资料来源：吉林省统计年鉴（1991～2015年），地区生产总值按当年的平均汇率计算。

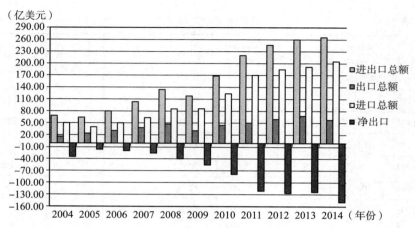

（亿美元）

图 4 - 2　吉林省对外贸易情况

（三）黑龙江省

与吉林省相似，黑龙江省的进出口总额在东北三省中所占比例也不大，在 15%～20% 附近上下波动。由表 4－3 和图 4－3 可以得出，黑龙江省 GDP 1990～2014 年呈上涨趋势，由 1990 年的 149.52 亿美元增长至 2014 年的 2428.37 亿美元，增长约 15 倍，平均增长率为 12.32%。黑龙江省进出口总额呈波动上升趋势，在 2008 年金融危机的影响下，2009 年出口总额由 165.74 亿美元下降为 100.76 亿美元，进口总额由 63.25 亿美元下降为 61.45 亿美元，进出口总额由 228.99 亿美元下降为 162.211 亿美元，且进出口总额增长率从 32.37% 下降为 －29.16%。2010 年恢复上升，但波动较大，2012～2014 年增速陡然下降，进口总额增长率在 1% 左右徘徊。由图表可知，黑龙江省在 1995～1996 年、1998～2002 年以及 2011 年以后，其进口均大于出口，净出口额为负数，对外贸易逆差趋势越来越明显，2011～2014 年，净出口额一路由 70.60 亿美元下降为 －42.20 亿美元，与其他年间对外贸易顺差现象对比反差较大。由此可见，黑龙江省的对外贸易状况极不稳定，因而其进出口总额增长率波动也较大。

表4-3　　　　　　　　　　黑龙江省对外贸易情况

年份	地区生产总值（亿美元）	进出口总额（亿美元）	进出口总额增长率（%）	进出口总额占东北三省比重（%）	出口总额（亿美元）	进口总额（亿美元）	净出口（亿美元）
1990	149.52	14.92	—	17.03	10.87	4.06	6.81
1991	154.47	20.18	35.22	19.99	13.78	6.41	7.37
1992	174.03	28.81	42.75	23.11	18.31	10.50	7.81
1993	207.98	32.99	14.52	22.38	16.87	16.13	0.74
1994	186.21	24.26	-26.48	15.41	12.41	11.84	0.57
1995	238.46	23.86	-1.61	14.83	11.66	12.20	-0.54
1996	285.11	24.49	2.63	14.81	10.82	13.67	-2.85
1997	321.78	24.63	0.56	14.26	13.07	11.56	1.52
1998	335.11	20.10	-18.37	12.26	9.06	11.04	-1.98
1999	346.24	21.91	8.99	12.08	9.50	12.41	-2.91
2000	380.68	29.86	36.28	12.16	14.51	15.35	-0.84
2001	409.58	33.85	13.35	12.81	16.12	17.73	-1.61
2002	439.43	43.50	28.51	14.60	19.90	23.60	-3.70
2003	490.20	53.30	22.53	14.00	28.70	24.60	4.10
2004	573.97	67.90	27.39	14.14	36.80	31.10	5.70
2005	673.08	95.70	40.94	16.76	60.70	35.00	25.70
2006	779.23	128.60	34.38	18.59	84.40	44.20	40.20
2007	934.24	172.99	34.51	19.87	122.69	50.30	72.39
2008	1197.16	228.99	32.37	21.07	165.74	63.25	102.49
2009	1257.06	162.21	-29.16	17.85	100.76	61.45	39.31
2010	1531.66	255.00	57.20	20.73	162.80	92.20	70.60
2011	1948.04	385.13	51.03	24.61	176.73	208.40	-31.68
2012	2168.97	378.21	-1.80	22.73	144.36	233.85	-89.49
2013	2322.37	388.80	2.80	21.72	162.32	226.48	-64.17
2014	2428.37	389.00	-0.00	21.70	173.40	215.60	-42.20

资料来源：黑龙江省统计年鉴（1991～2015年），地区生产总值按当年的平均汇率计算。

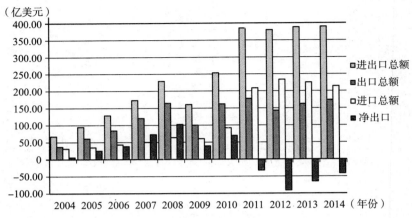

图 4 - 3　黑龙江省对外贸易情况

（四）东北三省

1990 年以来，东北三省的对外贸易总体呈现波动性上升走势。由表 4 - 4 和图 4 - 4 可以看出，东北三省进出口总额从 1990 年的 87. 65 亿美元增长至 2014 年的 1792. 38 亿美元，增长了近 20 倍，平均增长率为 13. 40%，总体呈上升趋势。但是在 1998 年受亚洲金融危机的影响出现了 - 5. 06% 的负增长，在 2009 年受全球金融危机影响增长率变为 - 16. 37%，由 1086. 79 亿美元下降为 908. 88 亿美元，2010 年又恢复至 1230. 16 亿美元，随后稳步上升，说明东北地区的对外贸易受国际环境的影响较大。在全国占比方面，东北地区由 20 世纪 90 年代初期的 7% 左右逐步下降到近年来的 4% 左右，下降趋势明显。在净出口方面，从 1990～2010 年的 20 年间，东北三省的出口总额略大于进口总额，二者几乎相等，净出口为正。但在 2011 年，进口总额超过出口总额，净出口额由 2010 年的 47. 37 亿美元下降为 - 90. 98 亿美元，2014 年也为 - 154. 84 亿美元，对外贸易逆差现象较严重，这与吉林省和黑龙江省的对外贸易逆差现象有较大关系。从图 4 - 5 可以看出，东北三省的进出口总额总体呈上升趋势，2000 年以前增长速度较慢，在 2009 年有小幅下降，随后迅速恢复上升。东北三省的出口总额在 2003～2010 年一直大于进口总额,在 2010 ~ 2011 年二者持平,在 2011 年以后,东北三省的进口总额超过出口总额后又逐渐与进口总额持平,就净出口状况而言,2011 年以后对外贸易状况由正转负(即出现净出口)。

表 4 - 4　　　　　　　　　东北三省对外贸易情况

年份	地区生产总值(亿美元)	进出口总额(亿美元)	进出口总额增长率(%)	进出口总额占全国比重(%)	出口总额(亿美元)	进口总额(亿美元)	净出口(亿美元)
1990	460.61	87.65	—	7.59	74.48	13.17	61.31
1991	466.98	100.97	15.19	7.44	81.75	19.23	62.52
1992	542.33	124.64	23.43	7.53	93.18	31.46	61.72
1993	681.67	147.40	18.27	7.53	95.13	52.27	42.86
1994	580.65	157.38	6.77	6.65	101.34	56.04	45.30
1995	709.14	160.90	2.24	5.73	108.46	52.45	56.01
1996	826.90	165.36	2.77	5.70	109.27	56.10	53.17
1997	930.58	172.77	4.48	5.31	111.30	61.47	49.83
1998	994.45	164.03	- 5.06	5.06	97.05	66.98	30.07
1999	1053.36	181.38	10.58	5.03	101.70	79.68	22.01
2000	1180.42	245.60	35.41	5.18	135.43	110.18	25.25
2001	1273.84	264.28	7.61	5.19	141.85	122.43	19.43
2002	1382.62	297.97	12.75	4.80	161.28	136.69	24.59
2003	1537.03	380.62	27.74	4.47	196.62	184.00	12.62
2004	1757.27	480.23	26.17	4.16	243.15	237.08	6.07
2005	2097.40	571.08	18.92	4.02	319.77	251.31	68.46
2006	2482.68	691.64	21.11	3.93	397.57	294.07	103.49
2007	3097.44	870.68	25.89	4.01	514.57	356.11	158.46
2008	4090.52	1086.79	24.82	4.24	633.95	452.84	181.12
2009	4549.59	908.88	- 16.37	4.12	466.48	442.40	24.07
2010	5538.59	1230.16	35.35	4.14	638.79	591.60	47.37
2011	7025.69	1565.20	27.24	4.30	737.11	828.09	- 90.98
2012	7996.40	1663.83	6.30	4.30	783.69	880.14	- 96.45
2013	8790.61	1790.13	7.59	4.30	875.29	914.84	- 39.55
2014	9279.50	1792.38	0.13	4.17	818.77	973.61	- 154.84

资料来源:辽宁省、吉林省、黑龙江省统计年鉴(1991 ~ 2015 年),地区生产总值按当年的平均汇率计算。

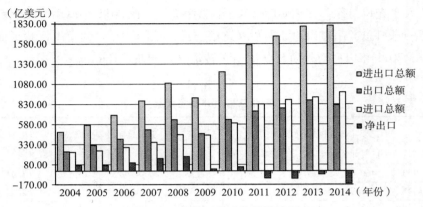

图 4 - 4　东北三省对外贸易情况

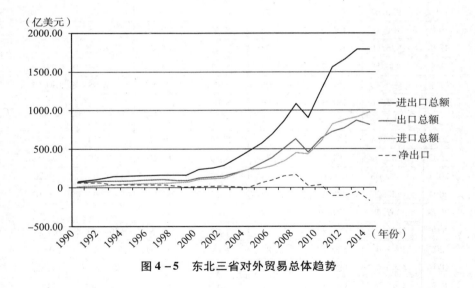

图 4 - 5　东北三省对外贸易总体趋势

（五）东北三省的比较

1. 进出口总额

由图 4 - 6 可知，辽宁省的进出口总额占东北三省的 2/3 左右，黑龙江省占 20% 左右，吉林省只占 13% 左右。而在吉林省与黑龙江省的比较中又可以发现，黑龙江省占比呈上升趋势，吉林省占比呈下降趋势，且与黑龙江省的差距逐年拉大，这与其经济发展状况和在东北三省经济中所占比重是密切相关。

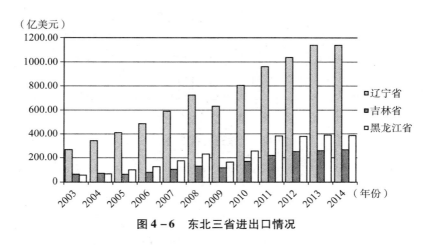

图 4 – 6　东北三省进出口情况

2. 出口额

在图 4 – 7 中可以直观地看出，辽宁省出口总额占东北三省的 70% 以上，黑龙江省占比 20% 以上，吉林省占比不到 10%（2014 年仅为 7.1%）。2003 年以前，吉林和黑龙江两省出口总额差距较小，均为 20 亿美元左右；从 2004 年起二者之间的差距逐步扩大，黑龙江省 2004 年、2005 年、2007 年、2010 年分别突破 35 亿美元、60 亿美元、120 亿美元和 150 亿美元四个大关，2014 年突破 170 亿美元，吉林省直到 2007 年、2008 年、2012 年和 2013 年才分别突破 35 亿美元、45 亿美元、55 亿美元和 60 亿美元大关，2014 年又回落到 58 亿美元以下。

3. 进口额

由图 4 – 8 可知，东北三省的进口总额占比不如出口总额占比差距大，辽宁进口总额占 55% 以上，吉林和黑龙江两省均占 20% 以上，但黑龙江省在 2011 年起，其进口总额迅速反超吉林，2014 年高出吉林 1.2 个百分点。三省总体进口额呈稳步上升趋势。

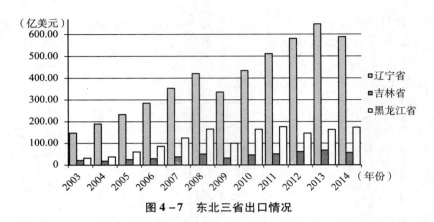

图 4-7　东北三省出口情况

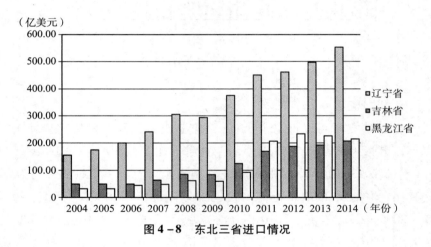

图 4-8　东北三省进口情况

4. 净出口额

从图 4-9 可以看出，辽宁净出口为正，2005 年突破 55 亿美元，2006 年突破 80 亿美元，2007 年、2008 年均突破 100 亿美元，但在 2008 年金融危机的冲击下，2009 年下降到 40 亿美元以下，2010 年起开始缓慢回升，2012 年、2013 年分别达到 120 亿美元和 150 亿美元，但 2014 年急剧下降到 35.6 亿美元。黑龙江省净出口在 2011 年以前为正，但 2011 年以后却由正为负，最高时贸易逆差接近 90 亿美元，2014 年减少至 42.2 亿美元；吉林省的净出口在 1998~2014 年一直为负，贸易逆差越来越大，2014 年达到 – 148.2 亿美元。

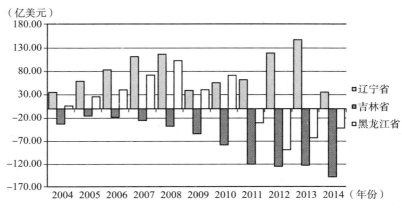

图 4 – 9　东北三省净出口情况

　　由上可见，东北地区的对外贸易呈现以下特征：一是在全国占比
较小。由最高的 1990 年的 7.6% 下降到 1994 年的 6.7% 、2003 年的
4.5% 、2007 年之后的 4.0% 左右，2014 年为 4.17% 。一方面显示出
东北地区内向型、进口替代型经济结构特征，另一方面说明在扩大对
外贸易方面具有巨大的发展潜力。二是东北地区内部差异较大。辽宁
省"一省独大"的不均衡特征十分明显，说明不仅辽宁省要扩大对外
贸易，而且黑龙江省特别是吉林省在扩大外贸方面需要加大力度迎头
赶上。

三、东北地区对外贸易的结构

（一）商品结构

　　（1）从出口贸易的商品结构来看。东北三省初级产品的比重远高
于工业制成品，而在其出口的工业制成品中，大部分都是附加值较
低、加工程度较浅、技术含量较低的劳动密集型产品，或者是粗加工

或初加工产品，资本和技术密集型产品较少，特别是机电产品和高新技术产品的出口比重低。从分省的情况来看，辽宁省的出口产品主要是船舶及相关装置、钢压延产品、精炼石油和核燃料加工品、金属制品、纺织服装服饰等。其所占总额达辽宁省出口贸易额的 35.75%，如表 4-5 所示。

表 4-5　　　　**2012 年辽宁省对外贸易主要部门前 10 名**　单位：亿美元，%

部门	出口贸易额	比重
船舶及相关装置	47.85	0.09
钢压延产品	47.39	0.09
精炼石油和核燃料加工品	36.76	0.07
金属制品	34.00	0.06
纺织服装服饰	32.48	0.06
视听设备	22.26	0.04
水产加工品	18.56	0.03
家具	12.80	0.02
文教、工美、体育和娱乐用品	12.30	0.02
有色金属压延加工品	12.27	0.02

资料来源：辽宁 2012 投入产出表。

吉林省出口以低附加值的、劳动密集型产品为主，主要商品是玉米和服装，如表 4-6 所示。

表 4-6　　　　　　　**2013 年吉林省主要进出口商品**

主要出口商品	主要进口商品
服装及衣着附件	汽车零件
胶合板及类似多层板	汽车（包括整套散件）
家具及其零件	计量检测分析自控仪器及器具
纺织纱线、织物及制品	粮食
汽车（包括整套散件）	电视、收音机及无线电信装置的零附件
塑料制品	通断保护电路装置及零件

续表

主要出口商品	主要进口商品
鲜、干水果及坚果	铁矿砂及其精矿
粮食	金属加工机床
汽车零件	钢铁制标准紧固件
鞋	钢材

资料来源：2014 年吉林省统计年鉴。

黑龙江省出口商品主要是服装、鞋类、机电产品和纺织品，如表 4 - 7 所示。

表 4 - 7　　　　　　2013 年黑龙江省主要进出口商品

主要出口商品	主要进口商品
机电产品	原油
服装及衣着附件	农产品
纺织纱线、织物及制品	粮食
鞋类	大豆
农产品	机电产品
箱包及类似容器	高新技术产品
家具及其零件	原木
塑料制品（吨）	铁矿砂及其精矿
灯具、照明装置及类似品	肥料
钢材	煤及褐煤

资料来源：2014 年黑龙江省统计年鉴。

（2）从进口贸易的商品结构来看。东北三省主要进口资源性和战略性产品，并通过进口高技术含量的零部件产品，服务于当地产品的生产并用于出口贸易。其中，辽宁省主要进口国内比较稀缺、不可再生的基础性自然资源、原材料和国外先进的技术、机器设备以及中间产品；

吉林省进口产品中大多为机械及运输设备；而黑龙江省主要是原油、农产品等。以吉林省为例，汽车作为本省的优势和支柱产业，其原料和一些高技术含量的零部件却大多依赖进口，使本省的产业升级和经济发展受到严重制约。

（3）从进出口商品在初级产品和制成品的比重上看。东北地区出口产品中初级产品比重较高，如表4-5、表4-6、表4-7所示。由于辽宁省和吉林省的统计年鉴中并未对产品进行分类，此处仅列举黑龙江省的对外商品结构，如表4-8所示：与东北三省的整体情况相悖，黑龙江省的出口产品中绝大部分都是工业制成品，初级产品在进口产品中所占比重较大。尽管工业制成品的比重影响着一个国家或地区的出口竞争力，但由于其附加值较低且加工中所需要的原材料十分依赖进口，因此其对经济发展的推动力较小。

表4-8　　　　　**黑龙江省2010~2013年对外贸易的商品结构**　　　单位：亿美元

结构		2010 年	2011 年	2012 年	2013 年
出口商品	初级产品	9.10	10.00	8.80	9.60
	占比（%）	5.59	5.66	6.09	5.91
	工业制成品	153.80	166.70	135.50	152.70
	占比（%）	94.46	94.33	93.84	94.09
进口商品	初级产品	57.90	183.20	190.90	182.20
	占比（%）	62.78	87.91	81.62	80.44
	工业制成品	34.30	25.20	92.90	44.30
	占比（%）	37.19	12.09	39.72	19.56

资料来源：黑龙江省统计年鉴（2011~2014年）。

由此可见，东北三省对外贸易的商品结构并不合理。作为我国重要的老工业基地之一，东北三省在发展对外贸易方面具有工业基础优势，拥有如重型机械制造、机车、汽车、飞机制造等较为完整的重工业体系，并形成了以钢铁加工业、汽车制造业、石油化工业、医药产业等为主导的产业格局。但是，这种产业结构优势并没有转化为出口优势，其外贸结构仍属于低层次的。资本和技术密集型产品较少，出口产品附加值低是一个主要特点。

（二）方式结构

（1）分别考虑三省的进出口贸易中一般贸易和加工贸易情况，从表4－9中可以看出，辽宁省的出口贸易中两种贸易方式所占比重相差不大，一般贸易占比呈上升趋势，由2010年的41.7%上升到2013年的56.57%。而进口贸易中一般贸易略大于加工贸易，2013年二者占比分别为57.02%和28.12%。吉林省和黑龙江省，无论进口还是出口，都是一般贸易占比远大于加工贸易，2013年吉林省两种贸易方式在贸易进出口中占比分别是70.77%、19.68%和95.76%、2.01%。2013年黑龙江省两种贸易方式在贸易进出口中占比分别是90.13%、5.98%和83.75%、0.92%。说明三省的贸易方式在逐步变化，一般贸易比重有所增加。

（2）从总体上看东北地区的一般贸易和加工贸易情况，2010～2013年，东北三省的一般贸易进口额约2219亿美元，其中出口额约1615亿美元，进口大于出口，逆差为604亿美元；加工贸易出口额约968亿美元，进口额约555亿美元，出口大于进口，顺差为413亿美元。一般贸易是一种自主型的贸易方式，主要依靠省内自产的原材料加工后出口；而加工贸易则是"两头在外"，即原材料采购在外和产品销售在外，只在本地进行加工生产。通过一般贸易，可以使企业获得从生产到销售过程中的主动权，获取更多的利润，同时也有利于其根据市场运行状况对产品结构进行灵活调整，由此获得价格和市场选择的双重优势。而加工贸易尽管在吸引外资、扩大对外贸易规模、维持贸易顺差、解决就业等方面具有积极作用，却因其价值增值链较短而影响了经济效益[①]。由于

---

① 张曙霄，孙莉莉. 东北老工业基地外贸发展的理性思考［J］. 重庆工商大学学报（西部论坛），2004（5）：51－54.

东北三省的加工贸易在出口中所占比重较大，且企业在价值增值环节中往往只从事简单的加工装配，因而其对东北三省的经济发展很难起到较大地推动作用。

表 4 - 9 　　　　　2010~2013 年东北三省对外贸易的方式结构　　　单位：亿美元

省份	年份	出口贸易				进口贸易			
		一般贸易	占比（%）	加工贸易	占比	一般贸易	占比（%）	加工贸易	占比（%）
辽宁省	2010	180.01	41.70	206.15	47.80	193.15	51.40	123.25	32.90
	2011	222.81	43.70	240.35	47.00	247.77	55.20	141.32	31.50
	2012	295.63	51.01	230.74	39.82	260.36	56.55	127.63	27.72
	2013	365.13	56.57	227.84	35.30	283.62	57.02	139.88	28.12
吉林省	2010	25.68	57.37	11.45	25.57	113.57	91.81	4.49	3.63
	2011	30.87	61.76	10.94	21.89	158.99	93.25	5.03	2.95
	2012	38.07	63.63	13.59	22.71	171.38	92.19	5.27	2.84
	2013	47.82	70.77	11.94	17.68	182.87	95.76	3.84	2.01
黑龙江省	2010	110.83	68.07	5.20	3.19	67.24	72.91	2.06	2.23
	2011	125.06	70.76	4.58	2.59	170.77	81.94	2.16	1.03
	2012	88.62	61.39	5.44	3.77	186.09	79.58	2.24	0.96
	2013	90.13	55.53	5.98	3.68	189.66	83.75	2.08	0.92

资料来源：辽宁省、吉林省和黑龙江省统计年鉴（2011~2014 年）。

（三）区域结构

从地区结构来看，东北地区进行国际贸易的国家主要集中在大洋洲和亚洲。其中大洋洲位列第一位，比重为 43%；亚洲排名第二位，比重为 40%；欧洲、非洲、北美洲三者的比重分别为 10%、5%、2%。三者合计的贸易比重仍然低于亚洲、大洋洲，这说明东北地区虽然对外开放主要面向东北亚地区。但由于东北亚地区复杂的政治经济因素，尤其是中日韩自贸区尚未建立，与俄罗斯贸易规模不大，与蒙古、朝鲜的贸易规模相对较小，因此与东北亚贸易的特色并不十分明显，且对外贸易在全球分布的相对不平衡，如图4－10所示。

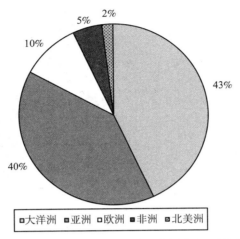

图4－10　2010～2012年东北地区主要进出口地区占比

资料来源：辽宁省、吉林省、黑龙江省统计年鉴（2011～2013年）。

从各省的国别结构上看，辽宁省的对外贸易主要发生国分别是日本、美国、韩国、德国和澳大利亚；吉林省的主要贸易发生国分别是德国、日本、美国、韩国；黑龙江省的主要贸易发生国分别是俄罗斯、美国、安哥拉、印度和韩国。由此可见，东北三省对外贸易主要发生国大部分集中在欧美和东北亚地区。从东北亚地区来看，日本和韩国主要与辽宁进行船舶及相关装置和家电贸易，2012年的贸易额分别155.9亿美元和90.2亿美元，分别占该省当年进出口总额的15.0%和8.7%。与吉林省主要是进行汽车及相关部件的进出口，2012年日本、韩国与吉林发生的贸易额达28亿美元和6亿美元，占该省当年进出口总额的11%和2%。由于黑龙江于俄罗斯接壤，边境贸易相对发达，2012年黑龙江对俄贸易额达213亿美元，占该省当年进出口总额的56%，如表4－10所示。

表 4 - 10 东北三省对外贸易主要发生国前 5 名

省份	2010 年		2011 年		2012 年	
	发生贸易额（亿美元）	前 5 名国家	发生贸易额（亿美元）	前 5 名国家	发生贸易额（亿美元）	前 5 名国家
辽宁省	155.4	日本	172.1	日本	155.9	日本
	70.4	韩国	78.4	韩国	102.3	美国
	70.8	美国	86.5	美国	90.2	韩国
	41.4	德国	57.0	德国	71.6	德国
	41.3	澳大利亚	46.9	澳大利亚	40.2	澳大利亚
合计	379.2		441.0		460.1	
吉林省	51.1	德国	75.5	德国	92.3	德国
	28.9	日本	31.3	日本	28.2	日本
	9.3	美国	7.8	匈牙利	10.4	美国
	6.4	匈牙利	6.9	美国	6.1	匈牙利
	8.5	韩国	9.6	韩国	9.5	韩国
合计	104.1		131.0		146.4	
黑龙江省	74.7	俄罗斯	189.9	俄罗斯	213.1	俄罗斯
	22.4	美国	34.3	印度	21.1	美国
	14.3	安哥拉	70.3	韩国	9.3	安哥拉
	7.9	印度	105.7	安哥拉	5.7	韩国
	7.5	韩国	85.6	美国	7.7	印度
合计	127.0		250.3		257.0	

资料来源：辽宁省、吉林省、黑龙江省统计年鉴（2011～2013 年）。

第二节 东北地区的引进外商直接投资

一、总体分析

与对外贸易相比，东北地区引进外商直接投资起步较早。始于1979 年，当年辽宁省利用外资 113 万美元，成为在外资领域起步较早的省份之一。1984 年大连被列为全国 14 个沿海城市之一，东北地区的引进外资不断扩大。加入 WTO 以来，特别是国家实施东北老工业基地振兴战略以来，东北地区的引资规模有很大提高。2014 年，东北地区引进外商直接投资额达 352 亿美元，占全国的近 30%。但是与全国其他发达地区特别是东部沿海地区相比，东北老工业基地的外商直接投资体系尚存在一定的问题：一是分布不合理。主要集中在辽宁省，其他两省所占比重较小，地域分布不平衡问题突出。二是产业结构不平衡。东北地区的外商直接投资大部分都流向第二产业，第一产业特别是第三产业发展较慢，且主要集中在商业、房地产业。三是来源结构比较单一。主要来源于"亚洲四小龙"及美国，其他国家和地区相对较少。另外，东北地区的外商直接投资还存在诸如投资环境欠佳、外资流入受到限制、引资方式比较落后、重数量轻质量、对外资的监管偏松等一些问题①。

二、东北地区引进外商直接投资的规模

（一）辽宁省

在东北三省中，辽宁省引进外商直接投资（FDI）的占比在 75% ~ 80%（1991 年最高时占 89.4%）。FDI 值虽在个别年份有所下降，但总体上不断增加。从 1990 年的 2.48 亿美元到 2014 年的 274.20 亿美元，增长近 110 倍，平均增长率为 21.66%。虽不同年份有较小程度的波动，但所占份额仍总体保持增大趋势。辽宁省的 FDI 增长率在 1995 年、1998 年、1999 年、2005 年呈现了负增长，其余年份均为正增长，特别是 1993 年的增长率达到了 179.47%。自 2008 年金融危机之后，东北地区 FDI 增长放缓，2014 年降至最低，并出现了 -5.58% 的负增长，如表 4 - 11 及图 4 - 11 所示。

---

① 潘宏. 创新国际直接投资体系推动东北老工业基地对外开放水平的提高 [J]. 财经理论研究，2015（4）：64 - 72.

表 4 - 11   1990 ~ 2014 年辽宁省 FDI 值

年份	地区生产总值（亿美元）	FDI（亿美元）	FDI 占东北三省比重（％）	FDI 增长率（％）
1990	222.17	2.48	85.45	—
1991	225.44	3.13	89.43	26.29
1992	267.11	4.39	72.27	40.04
1993	348.98	12.27	86.19	179.47
1994	285.63	14.24	68.31	16.02
1995	334.50	14.04	62.36	- 1.40
1996	379.80	16.71	62.57	19.04
1997	432.16	22.14	66.07	32.50
1998	468.86	22.04	70.21	- 0.44
1999	503.93	20.64	64.82	- 0.64
2000	564.01	25.50	68.59	23.57
2001	608.08	31.13	72.20	22.08
2002	659.44	39.16	75.62	25.79
2003	725.20	55.83	80.55	42.57
2004	806.11	54.07	76.20	- 3.15
2005	982.37	35.90	63.00	- 3.36
2006	1167.18	59.86	70.80	66.73
2007	1468.21	91.00	75.39	52.03
2008	1968.10	120.20	77.25	32.09
2009	2226.98	154.40	81.51	28.45
2010	2726.54	207.50	84.04	34.39
2011	3441.30	242.70	83.69	16.96
2012	3936.07	267.90	82.84	10.38
2013	4372.16	290.40	81.87	8.40
2014	4622.26	274.20	77.80	- 5.58

资料来源：辽宁省统计年鉴（1991 ~ 2015 年），地区生产总值按当年的平均汇率计算。

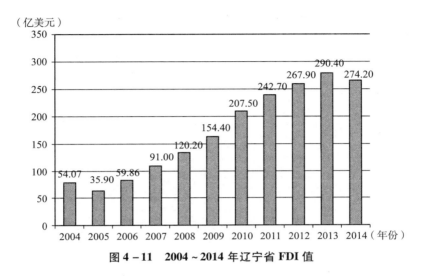

图 4 – 11　2004 ~ 2014 年辽宁省 FDI 值

（二）吉林省

吉林省的 FDI 占比在三省中相对较低，虽 1995 年最高时占 17.71%，但近年来仅占 5% 左右。从总量上看，吉林省的 FDI 呈上升趋势，从 1990 年的 0.17 亿美元到 2014 年的 19.66 亿美元，增长了近 115 倍，平均增长率为 21.89%。在 1992 年、1993 年的增长率则分别达到 266.1% 和 260.53%，1997 年、1999 年、2002 年呈现负增长。吉林省 FDI 占东北三省的变化可以分为三个阶段：第一阶段，从 1990 ~ 1995 年，比重逐年上升，到 1995 年达到 17.71%；第二阶段，从 1996 ~ 2003 年，比重逐年下降，在 2003 年甚至只有 4.59%，为历年来最低水平；第三阶段，2004 年以后，比重较 2003 年都有所增加，但除了 2005 年达到 11.6% 之外，其余年份均不超过 10%，且有下降趋势，2010 ~ 2014 年均占 5% 左右，2014 年为 5.58%，如表 4 – 12 及图 4 – 12 所示。

表 4 - 12 　　　　　　　　　　1990～2014 年吉林省 FDI 值

年份	地区生产总值 （亿美元）	FDI （亿美元）	FDI 占东北三省 比重（%）	FDI 增长率 （%）
1990	88.91	0.17	5.83	—
1991	87.06	0.18	5.14	6.38
1992	101.20	0.66	10.86	266.10
1993	124.71	2.38	14.06	260.53
1994	108.80	3.18	15.27	33.85
1995	136.18	3.99	17.71	25.26
1996	161.99	4.52	16.90	13.24
1997	176.64	4.02	12.00	-10.91
1998	190.49	4.09	13.02	17.15
1999	203.19	3.01	9.46	-26.39
2000	235.74	3.37	9.06	11.89
2001	256.17	3.37	7.80	0.19
2002	283.74	3.17	6.14	-6.11
2003	321.62	3.18	4.59	0.33
2004	377.20	4.53	6.53	42.31
2005	441.94	6.61	11.60	46.06
2006	536.28	7.60	9.00	15.05
2007	694.99	8.85	7.33	16.34
2008	925.27	9.93	6.39	12.24
2009	1065.55	11.40	6.02	14.74
2010	1280.39	12.80	5.19	12.34
2011	1636.35	14.81	5.11	15.68
2012	1891.36	16.49	5.10	11.30
2013	2096.08	18.20	5.13	10.36
2014	2228.86	19.66	5.58	8.02

资料来源：吉林省统计年鉴（1991～2015 年），地区生产总值按当年的平均汇率计算。

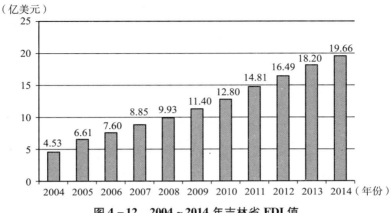

图 4 – 12　2004 ~ 2014 年吉林省 FDI 值

（三）黑龙江省

黑龙江省的 FDI 占比近年来为 15% ~ 20%，基本上保持了逐年增加的趋势。从 1990 年的 0.25 亿美元增加到 2014 年的 58.60 亿美元，增长了约 233 倍，平均增长率为 25.53%。只有 1998 年、2009 年受金融危机影响出现了负增长，其余年份均呈现正增长。其 FDI 占比 1999 年最高时为 25.72%，2005 年为 25.38%，但并没有超过 1999 年，其余年份除 1996 年、1997 年、2000 年和 2006 年超过了 20% 外，多数年份在 5% ~ 20% 之间，如表 4 – 13 及图 4 – 13 所示。

表 4 – 13　　　　　　　　　1990 ~ 2014 年黑龙江 FDI 值

年份	地区生产总值 （亿美元）	FDI （亿美元）	FDI 占东北三省 比重（%）	FDI 增长率 （%）
1990	149.52	0.25	8.72	—
1991	154.47	0.19	5.43	24.82
1992	174.03	1.03	16.87	438.06
1993	207.98	2.26	13.38	120.74
1994	186.21	3.42	16.42	51.29
1995	238.46	4.49	19.93	31.08
1996	285.11	5.48	20.53	22.23

续表

年份	地区生产总值 （亿美元）	FDI （亿美元）	FDI 占东北三省 比重（%）	FDI 增长率 （%）
1997	321. 78	7. 35	21. 93	34. 00
1998	335. 11	5. 26	16. 76	− 28. 37
1999	346. 24	8. 19	25. 72	55. 58
2000	380. 68	8. 31	22. 35	1. 45
2001	409. 58	8. 61	19. 97	3. 65
2002	439. 43	9. 46	18. 26	9. 80
2003	490. 20	10. 30	14. 86	8. 90
2004	573. 97	12. 36	17. 42	20. 36
2005	673. 08	14. 47	25. 38	17. 03
2006	779. 23	17. 08	20. 20	18. 05
2007	934. 24	20. 85	17. 27	22. 08
2008	1197. 16	25. 47	16. 37	22. 17
2009	1257. 06	23. 62	12. 47	− 7. 28
2010	1531. 66	26. 60	10. 77	12. 62
2011	1948. 04	32. 48	11. 20	22. 11
2012	2168. 97	38. 99	12. 06	20. 07
2013	2322. 37	46. 10	13. 00	18. 21
2014	2428. 37	58. 60	16. 62	27. 11

资料来源：黑龙江省统计年鉴（1991 ~ 2015 年），地区生产总值按当年的平均汇率计算。

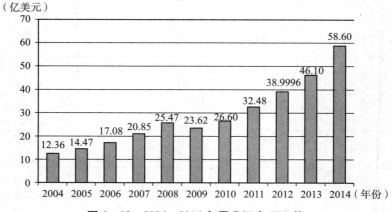

图 4 – 13 2004 ~ 2014 年黑龙江省 FDI 值

（四）东北三省

与对外贸易占全国比重较低形成较大反差的是，东北三省 FDI 在全国比重相对较高，2013 年最高时占 30.16%，2014 年占 29.48%。从表 4 - 14 和图 4 - 14 可以看到，东北三省的外商直接投资总体上呈稳步上涨趋势。截至 2014 年，FDI 已达到 352.46 亿美元，是 1990 年 2.91 亿美元的 120 倍左右，平均增长率为 22.12%。1993 年最高时期增长 178.36%，恰逢 1992 年邓小平南方谈话、我国开始建立社会主义市场经济体制。只是在 1998 年和 2005 年出现过负增长，分别为 - 6.3% 和 - 19.7%，与 1998 年相比，2005 年则更为严重。究其原因，很大程度上是因为 1997 年东亚金融危机和 2005 年实施的汇率制度改革。2008 年的金融危机后，东北三省 FDI 增长率逐年下降，2014 年降至最低，几乎为零增长。

表 4 - 14　　　　　　1990 ~ 2014 年东北三省 FDI 合计值

年份	地区生产总值（亿美元）	FDI（亿美元）	FDI 占全国比重（%）	FDI 增长率（%）
1990	460.61	2.91	8.33	—
1991	466.98	3.51	8.03	20.68
1992	542.33	6.08	5.52	73.28
1993	681.67	16.91	6.15	178.36
1994	580.65	20.85	6.17	23.24
1995	709.14	22.51	6.00	8.00
1996	826.90	26.71	6.40	18.65
1997	930.58	33.52	7.41	25.46
1998	994.45	31.40	6.91	- 6.30
1999	1053.36	31.84	7.90	1.39
2000	1180.42	37.18	9.13	16.77
2001	1273.84	43.12	9.20	15.97

续表

年份	地区生产总值 （亿美元）	FDI （亿美元）	FDI 占全国 比重（%）	FDI 增长率 （%）
2002	1382. 62	51. 79	9. 82	20. 10
2003	1537. 03	69. 30	12. 95	33. 84
2004	1757. 27	70. 96	11. 70	2. 39
2005	2097. 40	56. 98	9. 45	- 19. 70
2006	2482. 68	84. 54	12. 17	48. 37
2007	3097. 44	120. 70	16. 14	42. 77
2008	4090. 52	155. 61	16. 84	28. 92
2009	4549. 59	189. 42	20. 50	21. 73
2010	5538. 59	246. 90	23. 35	30. 35
2011	7025. 69	289. 99	25. 00	17. 45
2012	7996. 40	323. 39	28. 95	11. 52
2013	8790. 61	354. 69	30. 16	9. 68
2014	9279. 50	352. 46	29. 48	0

资料来源：辽宁省、吉林省、黑龙江省统计年鉴（1991~2015 年），地区生产总值按当年的平均汇率计算。

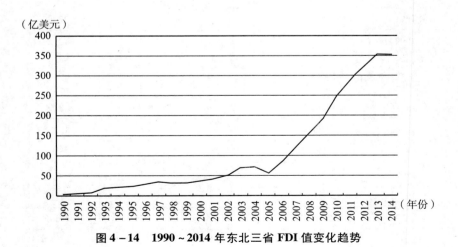

图 4 - 14　1990 ~ 2014 年东北三省 FDI 值变化趋势

（五）三省比较

东北地区的 FDI 虽然从总体上呈上升趋势，但通过比较发现，三省之间还是有显著差异，如图 4-15 所示。首先，从变化趋势上看，吉林省和黑龙江省变化幅度较小，一直在 50 亿美元之内缓慢增长，而辽宁省的增长幅度和速度都明显高于黑龙江省和吉林省，特别是从 2005 年 FDI 值下降以后，辽宁省的 FDI 保持快速增加，与其他两省的差距巨大。其次，从三省 FDI 的规模上，辽宁省依旧是一省独大，2013 年辽宁省 FDI 是吉林和黑龙江两省之和的近 5 倍。由此可见，东北三省在引进外商直接投资规模上存在内部不平衡问题。

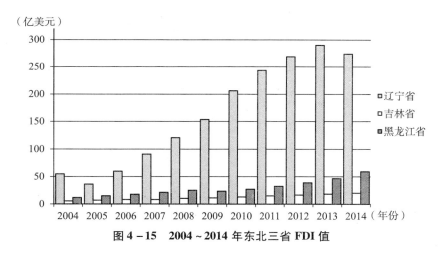

图 4-15　2004~2014 年东北三省 FDI 值

三、东北地区引进外商直接投资的结构

（一）区位结构

从省际分布来看，外商直接投资（FDI）主要集中在辽宁省。吉林省和黑龙江省的 FDI 在东北地区占比较少，且明显落后于全国平均水

平。以 2005 年、2010 年和 2012 年为例，辽宁省、吉林省和黑龙江省
FDI 及占东北比重如表 4 - 15 所示。2005 ~ 2012 年，辽宁省的 FDI 增长
近 6.5 倍，而吉林省和黑龙江省的 FDI 分别增长 1.49 倍和 1.7 倍。从
占比情况来看，辽宁省最低年份 2005 年的占比为 63%，最高年份 2010
年为 84.04%，且随时间推移呈现波动上升的趋势，而吉林省和黑龙江
省历年占比分别在 5.1% ~ 11.6% 和 110.8% ~ 25.4%，且随时间推移
呈现波动下降的趋势。2010 年辽宁省占比是吉林和黑龙江两省之和的
近 4.8 倍，差距明显。

表 4 - 15　　　东北三省 2005 年、2010 年、2012 年 FDI 及占比　　单位：亿美元

年份	辽宁省		吉林省		黑龙江省	
	FDI	占比（%）	FDI	占比（%）	FDI	占比（%）
2005	35.90	63.00	6.61	11.60	14.47	25.40
2010	207.50	84.04	12.80	5.19	26.60	10.77
2012	267.90	82.84	16.49	5.10	39.00	12.06

资料来源：辽宁省、吉林省、黑龙江省统计年鉴（2006 年、2011 年、2013 年）。

从引资的城市分布来看，东北地区的 FDI 已呈现出由大城市向中小
城市、由沿海、沿边城市向内陆城市扩展的趋势。这一点可以从东北三
省各自 FDI 增幅前三位的城市反映出来，以 2011 ~ 2012 年为例，三省
FDI 增幅前三位的城市如表 4 - 16 所示。辽宁省前三位的城市 FDI 增幅
都突破了 30%，锦州的增幅更是高达 70%，而且排在前三位的锦州、
铁岭、本溪都属于非沿海、沿边的城市；吉林省各城市 FDI 增幅相对较
小，但延边、通化、白城等中小城市仍以相对较高的增幅排进了前三
位，且增幅远超长春这样的省会城市；黑龙江省 FDI 增幅排在首位的七
台河一年里 FDI 增加了近一倍，排在第二位、第三位的佳木斯、齐齐哈
尔增幅也都超过了 20%。

表 4 - 16　　　　2011~2012 年东北三省 FDI 增幅前三位城市

项目	辽宁省	吉林省	黑龙江省
FDI 增幅第一位城市	锦州	延边	七台河
增幅（%）	70.46	23.28	111.37
FDI 增幅第二位城市	铁岭	通化	佳木斯
增幅（%）	32.53	15.94	20.88
FDI 增幅第三位城市	本溪	白城	齐齐哈尔
增幅（%）	31.08	13.33	20.04

资料来源：辽宁省、吉林省、黑龙江三省统计年鉴（2012~2013 年）。

诚然，这种变化趋势也需要客观看待。由于内陆城市、小城市的原始 FDI 较小，在增长率上弹性较大，往往会造成增幅明显的现状。从整体上看，东北地区外资引资的地区差异结构没有变，集中分布在大连、沈阳、哈尔滨、长春的整体地区不平衡问题依旧存在。

（二）产业结构

就 FDI 在三次产业间的分布来看，东北地区的外商直接投资主要集中在第二产业，第一、第三产业相对较少。受数据的限制，本书以 2005 年、2010 年和 2012 年的辽宁省、黑龙江省为例，如表 4 - 17 所示。FDI 在第一产业中的比重始终较少，辽宁省最低为 0.66%、最高为 1.57%，黑龙江省最低为 0.33%、最高为 2.39%。而黑龙江省作为我国第一农业大省，引资状况与其农业大省的地位极不相称，对实现农业现代化十分不利；对于第二产业而言，两省所占比重都比较大，辽宁省最高占 91.97%、最低为 52.16%，黑龙江省最高为 71.22%、最低为 43.22%，两省三年平均占比超过了 50%，这与我国东北地区需要巨大投资的重化工业体系有直接关系；FDI 第三产业占比近年来不断上升，辽宁省最高占 56.37%，最低占 38.37%，黑龙江省最高占 58.45%，最低为 27.30%。

表4-17　　　　　辽宁省、黑龙江省2005年、2010年、
　　　　　　　　　　2012年FDI产业分布　　　　单位：亿美元

年份	省份	第一产业		第二产业		第三产业	
		FDI	占比（%）	FDI	占比（%）	FDI	占比（%）
2005	辽宁	0.23	0.66	18.72	52.16	16.93	47.18
	黑龙江	0.04	0.33	6.25	43.22	8.46	58.45
2010	辽宁	1.86	0.90	88.66	42.73	116.97	56.37
	黑龙江	0.63	2.39	19.09	71.79	6.86	25.82
2012	辽宁	4.20	1.57	160.92	60.06	102.77	38.37
	黑龙江	0.57	1.48	27.77	71.22	10.64	27.30

资料来源：辽宁省、黑龙江省统计年鉴（2006年、2011年、2013年）。

就FDI在三次产业的内部分布来看（主要分析第二、第三次产业），在第二产业内部，东北地区的FDI主要集中在制造业，如表4-18所示。辽宁最高占94.05%、最低占77.43%，黑龙江省最高占94.67%、最低占71.93%；在第三产业内部，FDI主要集中在房地产业，如表4-19所示。辽宁省最高占60.08%、最低占44.59%，黑龙江省最高占39.51%、最低占6.07%。

表4-18　　　辽宁省、黑龙江省2005年、2010年、2012年制造业
　　　　　　　　　FDI在第二产业内占比　　　　单位：亿美元

省份		FDI	2005年	2010年	2012年
辽宁	总额		17.61	76.11	124.56
	占比（%）		94.05	90.97	77.43
黑龙江	FDI		5.92	15.32	19.97
	占比（%）		94.67	80.23	71.93

资料来源：辽宁省、黑龙江省统计年鉴（2006年、2010年、2013年）。

表 4 – 19　辽宁省、黑龙江省 2005 年、2010 年、2012 年房地产业

FDI 在第三产业内占比　　　　　　　单位：亿美元

省份	FDI	2005 年	2010 年	2012 年
辽宁	总额	9.38	70.28	45.82
	占比（%）	55.39	60.08	44.59
黑龙江	FDI	0.51	2.71	3.18
	占比（%）	6.07	39.51	29.88

资料来源：辽宁省、黑龙江省统计年鉴（2006 年、2010 年、2013 年）。

由此可见，东北地区的外资引进存在以下两方面结构性问题：第一，第三次产业结构不合理。这种引资结构虽然符合东北地区"第二、第三、第一"产业结构特点，但不利于生产服务业和现代化农业的发展。第二，第二、第三产业内部结构不合理。第二产业内部，制造业（工业）与建筑业畸重畸轻；第三产业内部生产性服务业发展滞后，没有形成与先进制造业相互促进的态势，从而形成制造业"大而不强"，生产服务业"小而分散"的局面。

（三）来源结构

以辽宁为例，由表 4 – 20 可知，辽宁省外商直接投资主要来源于中国香港、日本、韩国，以及美国、德国、中国台湾和新加坡。总体来看集中于东北亚、"亚洲四小龙"。这与东北（辽宁）主要面向东北亚有关，也是"亚洲四小龙"较早进入的地区。美国主要有通用、英尔特；德国主要有宝马；中国台湾、新加坡主要集中在房地产、食品等第三产业。东北（辽宁）虽主要面向东北亚地区，但蒙古国投资极少，朝鲜仅有少量餐饮业投资，与俄罗斯的贸易近年来逐渐增多（主要是黑龙江），但投资相对较少。

表 4-20　　　　　　　　**辽宁省 FDI 来源地前 5 名**　　　　单位：亿美元

地区	2005 年		地区	2010 年		地区	2012 年	
	FDI	占比（%）		FDI	占比（%）		FDI	占比（%）
FDI 总额	35.90	100.00	FDI 总额	207.50	100.00	FDI 总额	267.90	100.00
中国香港	13.99	39.00	中国香港	114.76	55.32	中国香港	146.52	54.69
韩国	5.14	14.30	韩国	13.54	6.53	日本	21.44	8.00
日本	4.10	11.42	日本	12.61	6.08	韩国	14.66	5.47
美国	2.82	7.87	中国台湾	9.02	4.35	德国	5.20	1.94
新加坡	1.31	3.67	美国	6.74	3.25	中国台湾	4.30	1.61
合计	27.37	76.26	合计	156.69	75.52	合计	192.14	71.71

资料来源：辽宁省统计年鉴（2006 年、2011 年、2013 年）。

第三节　东北地区的经济增长

一、经济增长规模

　　1990 年以来，东北地区的 GDP 逐年增长，GDP 总量呈稳步上升的趋势。从表 4-21 可以看出，东北地区的 GDP 总量从 1990 年的 460.61 亿美元增长到 2014 年 7297.50 亿美元，增长了近 15 倍。2014 年，辽宁、吉林和黑龙江的 GDP 总量为 4622.26 亿美元、1891.37 亿美元和 1948.04 亿美元，分别是 1990 年的 20.8 倍、21.3 倍和 13 倍。三省 GDP 总量占全国比重维持在 10% 左右，总体上呈下降趋势，最低点出现在 2007 年，为 8.86%。值得注意的是，东北三省的 GDP 总量从 2003 年起，呈加速增长的趋势。从图 4-16 可以看出，从 1990~2002 年，三省的 GDP 总量虽逐年增长，但变化幅度较小，2003 年以后三省 GDP 总量进入快速发展阶段，差距逐步扩大，辽宁遥遥领先，黑龙江与吉林并肩发展。这说明，2003 年国家开始实施的东北老工业基地振兴国家战略对东北地区 GDP 的增长产生了明显的推动作用。

表 4 - 21　　　　　　　　　　东北三省 GDP 总量　　　　　　　单位：亿美元

年份	辽宁	吉林	黑龙江	东北三省	占全国（%）
1990	222.17	88.91	149.52	460.61	11.80
1991	225.44	87.06	154.47	466.98	11.41
1992	267.11	101.20	174.03	542.33	11.11
1993	348.98	124.71	207.98	681.67	11.12
1994	285.63	108.80	186.21	580.65	10.38
1995	334.50	136.18	238.46	709.14	9.74
1996	379.80	161.99	285.11	826.90	9.66
1997	432.16	176.64	321.78	930.58	9.77
1998	468.86	190.48	335.11	994.45	9.75
1999	503.93	203.19	346.24	1053.37	9.72
2000	564.01	235.74	380.68	1180.42	9.85
2001	608.08	256.17	409.58	1273.84	9.62
2002	659.44	283.74	439.43	1382.62	9.51
2003	725.20	321.62	490.20	1537.03	9.37
2004	806.11	377.20	573.97	1757.28	9.10
2005	982.37	441.94	673.08	2097.40	9.29
2006	1167.18	536.28	779.23	2482.68	9.15
2007	1468.21	694.99	934.24	3097.44	8.86
2008	1968.09	925.27	1197.16	4090.52	9.05
2009	2226.98	1065.55	1257.06	4549.59	9.12
2010	2726.54	1280.39	1531.66	5538.59	9.35
2011	3441.30	1636.35	1948.04	7025.69	9.60
2012	3936.07	1891.37	2168.97	7996.40	9.73
2013	4372.16	2096.08	2322.37	8790.61	9.57
2014	4622.26	2228.86	2428.37	9279.50	8.96

　　资料来源：辽宁省、吉林省、黑龙江省统计年鉴（1991～2015 年），按当年的平均汇率计算。

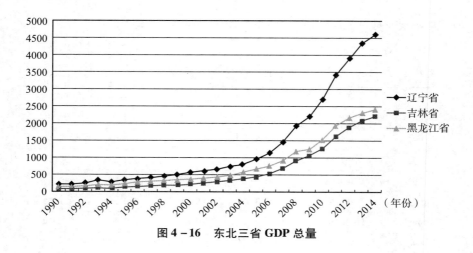

图 4-16   东北三省 GDP 总量

二、经济增长速度

　　总体来看，东北地区的 GDP 增长率总体上呈波动下降趋势。从图 4-17 可以看出，自 2004～2014 年十年间，吉林省的 GDP 增长率波动幅度最大，在 2007 年达到最高点 16.1%，辽宁省的 GDP 增长率相对平稳，黑龙江省的 GDP 增长率波动幅度最小，在 2011 年以前，几乎稳定在 12% 左右。2011 年后，三省 GDP 增长率迅速下滑，并逐年下降，于 2014 年均达到了最低点。通过与全国平均水平的比较发现，2004～2012 年八年间，东北三省 GDP 增长率的变化趋势与全国几乎保持一致，且大多高于全国平均水平，说明东北地区经济运行态势良好，处于高速发展阶段。2012 年开始，我国经济进入新常态，全国平均 GDP 增长率开始呈平稳态势，并保持在 7.6% 左右，而东北三省 GDP 增长率均处于急速下降态势，在 2014 年达到最低，三省均低于全国平均水平，这与一直以来东北三省的较高的 GDP 增长率反差很大，说明新常态下，东北地区经济增长动力不足，经济发展中深层次的结构性矛盾进一步凸显，经济转型升级势在必行。

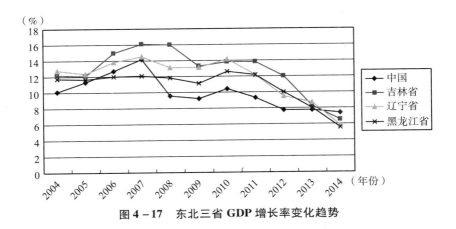

图 4 - 17　东北三省 GDP 增长率变化趋势

从全国排名来看，2014 年辽宁、吉林、黑龙江三省的 GDP 增长率分别为 5.8%、6.5% 和 5.6%，与排名靠前的 10% 左右的增长率相差很大，如表 4 - 22 所示。2014 年东北三省的 GDP 增速排名全国垫底，分列全国第 28 名、第 29 名和第 30 名，并引发全国热切关注，被称为"新东北现象"。

表 4 - 22　　　　　　2014 年全国各省区市 GDP 增长速度排名

排名	省份	增长速度（%）	排名	省份	增长速度（%）
1	重庆	10.9	17	四川	8.5
2	贵州	10.8	18	广西	8.5
3	西藏	10.8	19	海南	8.5
4	天津	10.0	20	云南	8.1
5	新疆	10.0	21	宁夏	8.0
6	福建	9.9	22	广东	7.8
7	湖北	9.7	23	内蒙古	7.8
8	陕西	9.7	24	北京	7.3
9	江西	9.7	25	浙江	7.0
10	湖南	9.5	26	上海	7.0
11	安徽	9.2	27	河北	6.5

续表

排名	省份	增长速度（%）	排名	省份	增长速度（%）
12	青海	9.2	28	吉林	6.5
13	河南	8.9	29	辽宁	5.8
14	甘肃	8.9	30	黑龙江	5.6
15	江苏	8.7	31	山西	4.9
16	山东	8.7			

资料来源：各地统计年鉴（2015）。

三、地域分布

（1）从东北三省经济总量的省际分布来看，辽宁省经济增长对整个东北老工业基地的贡献最大，接近东北经济总量的一半，是吉林、黑龙江两省的总和，而且有逐渐提高的趋势。从图 4 – 18 可以看出，2010～2013 年，辽宁 GDP 占整个东三省 GDP 的比重保持在 49%左右，2013 年达到 49.5%，说明辽宁省在东北老工业基地经济增长中的地位举足轻重，经济总量占半壁江山。

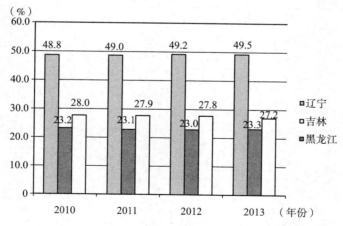

图 4 – 18 东北各省 GDP 占东北地区总量的比重

资料来源：辽宁省、吉林省、黑龙江省统计年鉴（2011～2014 年）。

（2）从东北三省经济总量的城市分布来看，东北经济增长主要依赖大东北城市群及区域内几大城市的增长，分别是沈阳、大连、鞍山、长春、吉林、哈尔滨和大庆七个城市。从表4-23可以看出，2013年，沈阳和大连的GDP总量高达1155.88亿和1235.35亿美元，对东北经济增长贡献度超过10%；哈尔滨和长春市次之，GDP总量达809.08亿和807.85亿美元，占东北总量的比重9.2%左右；大庆、鞍山和吉林分别占7.68%和4.8%左右，七大城市GDP之和占东北GDP总量的比重为62.9%。

表4-23　　　　　　　2013年东北地区主要城市经济增长

城市	GDP（亿美元）	占东北GDP的比重（%）
沈阳	1155.88	13.15
大连	1235.35	14.05
鞍山	423.58	4.82
长春	807.85	9.19
吉林	422.62	4.81
哈尔滨	809.08	9.20
大庆	675.18	7.68
7市总量	5529.55	62.90
东北总量	8790.62	—

资料来源：2014年《中国区域经济统计年鉴》、各省市2013年统计公报，GDP按当年的平均汇率计算。

第五章

东北地区对外开放对经济
增长影响的实证分析

本章主要运用柯布—道格拉斯生产函数模型，从实证的角度对东北地区对外开放度与经济增长之间的关系进行分析，得出相关结论。

第一节　理论模型构建及相关指标说明

一、理论模型构建

一国或一个地区的经济长期增长主要依赖于两个驱动：一是要素驱动，二是创新驱动。在新常态下，一国或一个地区的对外开放对经济增长的影响主要是通过影响技术进步来实现的，即对外开放的技术溢出效应。对外开放不仅能带来国外的资金，更能带来先进的技术和管理经验等，进而通过提高全要素生产率来促进经济增长。通过对柯布—道格拉斯生产函数的改进和扩展，可以用来衡量对外开放对经济增长的影响。

首先，将经济产出方程设定为 Cobb – Douglas 生产函数：

$$Y = f(A, K, L) = AK^{\alpha}L^{\beta} \tag{5.1}$$

其中 Y 表示产出，A 代表技术进步，K 代表资本存量，L 代表劳动力数量，α、β 分别是资本和劳动产出弹性，为了分析的方便起见，本书假定发展中国家的技术进步主要是通过对外开放来获取发达国家的技术扩散与转移，两者间的关系如下：

$$A = A_0 EO^\lambda \qquad (5.2)$$

其中 A_0 是大于零的常数，表示经济处于完全封闭情况下的技术水平；λ 为技术转移系数，表示技术溢出的效果，EO 则为对外开放度，EO 越大则对外开放程度越高，从而技术水平的溢出效果就越大。

然后，将式（5.2）带入 C－D 生产函数，则式（5.1）转化为：

$$Y = A_0 EO^\lambda K^\alpha L^\beta \qquad (5.3)$$

在式（5.3）两边同时取自然对数，同时考虑到对外开放的资本积累效应，可以将模型转化为如下形式：

$$\ln Y = \ln A_0 + \lambda \ln EO + \alpha \ln K + \beta \ln L \qquad (5.4)$$
$$其中 K = f(EO，GDP) \qquad (5.5)$$

二、指标体系构建及方法

（一）指标体系设计原则

本书研究的对象是东北地区的对外开放和经济增长。首先要建立一套包含衡量经济增长水平和对外开放水平的评价指标体系，并以此作为分析研究的基础，本书评价指标体系的选取遵循以下几个原则。

1. 目的性原则

在指标选取时，要有明确的目的性。没有明确的目的性，指标体系就不能很好地反映客观事物规律的本质，会变成指标的简单堆砌。本书建立评价指标体系的目的是测评东北地区对外开放对经济增长的影响，因此，要从对外开放和经济增长的内涵分析入手，构建指标评价体系。

2. 理论性原则

评价指标体系的设计是以一定的理论为基础的。在涉及多指标体系时，根据研究目的，寻找客观事物规律性的外在表现，利用指标体系理论作为指导。本书是对东北地区对外开放对经济增长的影响进行评价。从东北老工业基地振兴以来，地区经济发展迅速，对外开放水平逐年提高，对外贸易和对外投资成果显著。本书采用发展经济学的国际贸易和国际投资相关理论分析对外开放对东北经济增长的影响，建立相关指标体系。

3. 科学性原则

人们对事物的研究往往是从不同方面进行的，所以指标体系就必须要全面，并且按照一定的科学方法设计，这样才能满足人们的需要。科学性要求在设计的多指标体系中单个指标之间要相互联系，多指标体系内部的各个指标，在其含义、计算方法、计算的时间和空间范围等方面要相互联系，形成一个有机的整体。科学性还要求评价指标体系具有可比性，可比性不仅要求设计的指标体系在不同的时间和空间范围具有可比性，而且在不同地区之间具有可比性。

4. 可行性原则

指标设计时要考虑到数据的来源，要发挥权威统计数据的作用，充分利用现有的社会经济统计信息，提高结果的准确性。由于研究的时间以及作者个人能力有限，本书设计的指标体系主要是利用国家统计局和地方政府发布的数据，根据已有的数据建立指标体系，没有采用软指标。

（二）指标体系构建

1. 经济增长指标

一是经济总量增长，即物质产品和服务的持续增加，主要体现在经济规模及生产能力的扩大。这里用 GDP、人均 GDP 指标来衡量；二是经济结构优化，本书主要分析产业结构（主要是第三产业占 GDP 的比重）、企业结构（主要是规模以上企业收入占比，私营企业、外资企业、港澳台企业占 GDP 的比重）的变化；三是指经济增长的质量。本书选取 R&D 经费支出占 GDP 的比重和万人发明专利数指标加以说明。

2. 对外开放指标

对外开放可以从外贸、外资和外经三个方面进行分析。外贸主要是指进出口货物贸易和服务贸易；外资是指利用外商直接投资（FDI）和对外投资（ODI）；外经主要是指对外经济合作以及技术合作、劳务合作、能源合作和人文交流等。由于资料取得等限制，本书主要分析前两方面，外贸主要分析进出口货物贸易、外资主要分析利用外商直接投资（FDI），对服务贸易和对外投资只列出指标但不做分析，对于外经由于取值困难不做重点分析。

3. 资本存量和劳动力数量指标

本书衡量分析对外开放与区域经济增长的关系。而二者都涉及资本、劳动力的流入。其中，资本存量是指企业现存的全部资本资源，主要用全社会固定资产投资量指标来衡量；劳动力数量是指主要地区人口总体所拥有的劳动能力的总和，主要用当年年末的从业人口数来表示，如表 5 – 1 所示。

表 5 – 1　　　　　　　　　　**经济增长与对外开放指标体系**

一级指标	二级指标	三级指标
经济增长	经济总量	GDP、人均 GDP
	经济结构	第三产业增加值占 GDP 比重 规模以上企业收入占比 私营企业，外资企业，港澳台企业占比
	经济质量	R&D 经费支出占 GDP 比重 万人发明专利数
贸易开放度	出口依存度	出口商品总额及占 GDP 比重
	进口依存度	进口商品总额及占 GDP 比重
	服务贸易依存度	服务贸易总额及占 GDP 比重
投资开放度	引进外资依存度	外商直接投资额及占 GDP 比重
	对外投资依存度	对外投资总及占 GDP 比重
资本存量和劳动力数量	资本存量	全社会固定资产投资总额
	劳动力数量	年从业人口数量

4. 有关指标体系的说明

本书在遵循指标选取的目的性、科学性、理论性、可操作性等相关原则下，依据相关数据的可获得性，构建东北地区经济增长和对外开放指标体系，并如下说明：一是经济增长用 Y 来表示。二是对外开放度（EO）用贸易开放度（O1）和投资开放度（O2）来表示。其中，贸易开放度（O1）选用进出口商品总额（M + X）占 GDP 的比重表示；投资开放度（O2）用外商直接投资额（FDI）占 GDP 比重表示。三是资本存量（K）用东北地区当年的固定资产投资量等指标来衡量。四是劳动力数量（L）用东北地区当年年末的从业人口数来表示。五是本书所有数据均来自东北三省及全国《统计年鉴》，为了降低计量分析中异方差的程度，本书对所有有变量进行了对数化处理。如表 5 - 2 所示。

表 5 - 2　　　　本书对外开放与经济增长指标体系

一级指标	二级指标	三级指标
经济增长 Y	经济总量	GDP
对外开放度 EO	贸易开放度 O1	进口商品总额 M
		出口商品总额 X
		进出口商品总额占 GDP 比重
	投资开放度 O2	外商直接投资额
		外商直接投资额占 GDP 比重
资本存量 K 和劳动力数量 L	资本存量 K	全社会固定资产投资总额
	劳动力数量 L	年从业人口数量

（三）分析方法

为分析的方便起见，本书采用平均赋权法中的算术平均赋权法来计算对外开放度。根据对外开放度指标的个数进行平均赋权，即用指标个数的倒数来作为每个指标的权重，最常见有二指标度量对外开放度。其

计算公式为:

对外开放度 (EO) = 1/2 贸易开放度 (O1) + 1/2 投资开放度 (O2)

$$(5.6)$$

其中, 贸易开放度 (O1) = (M + X)/GDP $\qquad$ (5.7)

投资开放度 (O2) = FDI/GDP $\qquad$ (5.8)

考虑到汇率对一国经济的影响, 本书使用了当年的平均汇率将一般意义上的 GDP 折算成美元 GDP, 使公式分子分母单位相同, 得到修正后的经济对外开放度。

第二节 东北地区对外开放度的测算

(1) 根据前文所设立的对外开放度指标体系和测算方法, 采用东北三省 1991 ~ 2015 年统计年鉴的相关数据, 对辽宁省、吉林省和黑龙江省近 25 年的对外开放度进性测算, 结果如表 5 - 3 所示。其中对外开放度用 EO 表示, 贸易开放度用 O1 表示, 投资开放度用 O2 表示。

表 5 - 3 　　　　　　　1990 ~ 2014 年东北三省对外开放度

年份	EO			O1			O2		
	辽宁	吉林	黑龙江	辽宁	吉林	黑龙江	辽宁	吉林	黑龙江
1990	0.1479	0.0546	0.0508	0.2845	0.1072	0.0998	0.0112	0.0019	0.0017
1991	0.1562	0.0786	0.0659	0.2985	0.1550	0.1306	0.0139	0.0021	0.0012
1992	0.1516	0.0983	0.0857	0.2868	0.1900	0.1655	0.0164	0.0065	0.0059
1993	0.1388	0.1291	0.0848	0.2424	0.2390	0.1586	0.0352	0.0191	0.0109
1994	0.1947	0.1807	0.0744	0.3396	0.3320	0.1303	0.0498	0.0293	0.0184
1995	0.1853	0.1143	0.0595	0.3286	0.1993	0.1001	0.0420	0.0293	0.0188
1996	0.1701	0.1016	0.0526	0.2962	0.1752	0.0859	0.0440	0.0279	0.0192
1997	0.1756	0.0639	0.0497	0.2999	0.1050	0.0765	0.0512	0.0228	0.0228
1998	0.1594	0.0542	0.0379	0.2717	0.0868	0.0600	0.0470	0.0215	0.0157

年份	EO			O1			O2		
	辽宁	吉林	黑龙江	辽宁	吉林	黑龙江	辽宁	吉林	黑龙江
1999	0.1568	0.0620	0.0435	0.2725	0.1091	0.0633	0.0410	0.0148	0.0237
2000	0.1912	0.0613	0.0501	0.3372	0.1083	0.0784	0.0452	0.0143	0.0218
2001	0.1893	0.0678	0.0518	0.3274	0.1223	0.0826	0.0512	0.0132	0.0210
2002	0.1946	0.0710	0.0603	0.3297	0.1307	0.0990	0.0594	0.0112	0.0215
2003	0.2216	0.1009	0.0649	0.3662	0.1919	0.1087	0.0770	0.0099	0.0210
2004	0.2472	0.0961	0.0699	0.4272	0.1801	0.1183	0.0671	0.0120	0.0215
2005	0.2270	0.0814	0.0819	0.4175	0.1477	0.1422	0.0365	0.0150	0.0215
2006	0.2330	0.0809	0.0935	0.4146	0.1476	0.1650	0.0513	0.0142	0.0219
2007	0.2335	0.0805	0.1038	0.4050	0.1482	0.1852	0.0620	0.0127	0.0223
2008	0.2146	0.0775	0.1063	0.3681	0.1442	0.1913	0.0611	0.0107	0.0213
2009	0.1759	0.0605	0.0739	0.2825	0.1102	0.1290	0.0693	0.0107	0.0188
2010	0.1860	0.0708	0.0920	0.2959	0.1316	0.1665	0.0761	0.0100	0.0174
2011	0.1747	0.0719	0.1072	0.2788	0.1347	0.1977	0.0705	0.0091	0.0167
2012	0.1662	0.0693	0.0962	0.2642	0.1299	0.1744	0.0681	0.0087	0.0180
2013	0.1639	0.0660	0.0937	0.2614	0.1233	0.1674	0.0664	0.0087	0.0199
2014	0.1529	0.0636	0.0922	0.2465	0.1183	0.1602	0.0593	0.0088	0.0241

资料来源：辽宁、吉林、黑龙江三省统计年鉴（1991~2015年）。

（2）通过对三省进出口贸易总额、FDI总额和GDP总额的计算，采用同样测算的方法，得到整个东北地区1990~2014年对外开放度、贸易开放度和投资开放度的情况，如表5-4所示。

表5-4　　　东北地区对外开放度、贸易开放度和投资开放度

年份	EO	O1	O2
1990	0.0983	0.1903	0.0063
1991	0.1119	0.2162	0.0075
1992	0.1205	0.2298	0.0112
1993	0.1205	0.2162	0.0248

年份	EO	O1	O2
1994	0.1535	0.2710	0.0359
1995	0.1293	0.2269	0.0317
1996	0.1161	0.2000	0.0323
1997	0.1108	0.1857	0.0360
1998	0.0983	0.1649	0.0316
1999	0.1012	0.1722	0.0302
2000	0.1198	0.2081	0.0315
2001	0.1207	0.2075	0.0338
2002	0.1265	0.2155	0.0375
2003	0.1464	0.2476	0.0451
2004	0.1568	0.2733	0.0404
2005	0.1497	0.2723	0.0272
2006	0.1563	0.2786	0.0341
2007	0.1600	0.2811	0.0390
2008	0.1519	0.2657	0.0380
2009	0.1207	0.1998	0.0416
2010	0.1333	0.2221	0.0446
2011	0.1320	0.2228	0.0413
2012	0.1243	0.2081	0.0404
2013	0.1220	0.2036	0.0403
2014	0.1156	0.1932	0.0380

资料来源：辽宁、吉林、黑龙江三省统计年鉴（1991～2015 年）。

（3）绘制了东北地区 1990～2014 年对外开放度、贸易开放度和投资开放度趋势，如图 5-1 所示。从图 5-1 可以看出，1990～2014 年，东北地区的对外开放度、贸易开放度和投资开放度总体上走势平缓，但中间略有波动。分别在 1994 年和 2009 年间出现了拐点，1994 年是因为投资过热后的回落，2009 年是受国际金融危机影响，致使 2010 年以后，东北地区的对外开放度有下降的趋势。

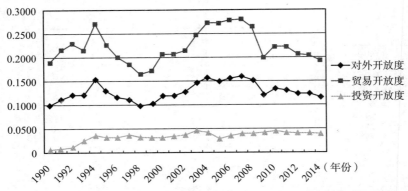

图 5-1 1990～2014 年东北地区对外开放度、贸易开放度和投资开放度

第三节 东北地区对外开放度的比较

一、三省间比较

（一）贸易开放度

由图 5-2 可以看出，1990～2014 年以来，辽宁、吉林、黑龙江三省的贸易开放度均呈现波动起伏的情况。从总体上看，辽宁省的贸易开放程度优势明显，吉林和黑龙江两省几乎并列，相差不大。2004 年，辽宁省贸易开放度的最大值为 0.4272，而吉林省为 0.1801，黑龙江省为 0.1183，辽宁省分别是吉林省和黑龙江省的 2.39 倍和 3.58 倍。在 2014 年，辽宁省的贸易开放为 0.2465，吉林省为 0.1183，黑龙江省为 0.1602，辽宁省分别是两省的 2.08 倍和 1.54 倍。与 1990 年相比，2014 年辽宁省贸易开放度有所下降，而吉林省和黑龙江省均有所上升，其中吉林省的增长率为 9%，黑龙江省的增长率为 7%，辽宁省与吉林省和黑龙江省的差距总体在逐渐缩小。

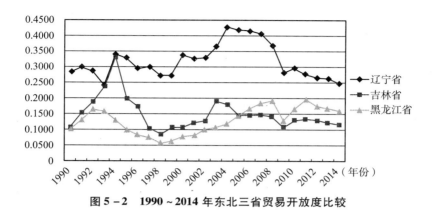

图 5 - 2　1990 ~ 2014 年东北三省贸易开放度比较

（二）投资开放度

由图 5 - 3 可以看出，东北三省的投资开放度呈现出波动上升的趋势。1990 年，辽宁、吉林、黑龙江三省的投资开放度都比较低，辽宁省为 0.0100，吉林省为 0.0019，黑龙江省为 0.0017。1990 ~ 2014 年，辽宁省的投资开放度一直保持高于吉林省和黑龙江省的趋势，且差距逐年拉大，2003 年达到最大值为 0.0770，同时与吉林省和黑龙江省的差距也达到最大值，吉林省同年投资开放度为 0.0099，黑龙江省同年为 0.021，辽宁分别为两省的 7.07 倍和 3.33 倍。而辽宁省在 2005 年突然出现大幅下降，投资开放度跌至 0.0365，2006 年以后又逐渐恢复上涨趋势。与辽宁省的投资开放度大幅起落状况相比，吉林和黑龙江两省虽然也有波动，但总体保持较平稳的发展状况，但也有差异。1990 ~ 1992 年，吉林省和黑龙江省几乎没有差距，在 1993 ~ 1999 年，吉林省超过黑龙江省，而在 2000 年以后，黑龙江省反超吉林省，并保持高于吉林省的增长趋势。在 2014 年，辽宁省的投资开放度为 0.0593，吉林省为 0.0088，黑龙江省为 0.0241，辽宁省分别是两省的 6.73 倍和 2.46 倍，较 1990 年相比，辽宁省与两省均拉大了差距。

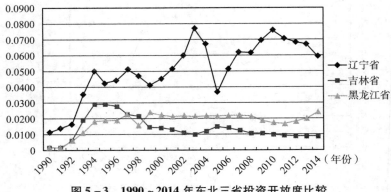

图 5-3 1990~2014 年东北三省投资开放度比较

（三） 对外开放度

由图 5-4 可以看出，东北三省对外开放度与东北三省贸易开放度的变化趋势大致相同。1990 年，辽宁省对外开放度为 0.1479，远超过吉林和黑龙江两省，吉林省为 0.0546，黑龙江省为 0.0508，辽宁省分别为两省的 2.75 倍和 2.95 倍。1994 年，吉林省对外开放度猛增为 0.1807，与辽宁省水平相当，同时拉大了与黑龙江省的差距，为黑龙江省的 2.57 倍。但随后，吉林省又迅速下降，再度保持了与黑龙江省较小的差距。在 2005 年以前，吉林省的对外开放度均高于黑龙江省，但

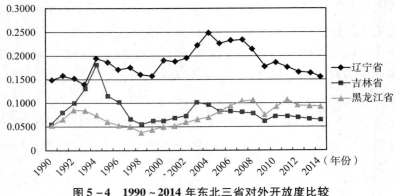

图 5-4 1990~2014 年东北三省对外开放度比较

2005 年以后，黑龙江省反超吉林省，保持高于吉林省的水平。值得注意的是，在 2009 年，由于受 2008 年金融危机的影响，三省的对外开放度呈曲折上升趋势。自 2004 年以后，三省的拟合度不断趋近，在 2014 年，辽宁省的对外开放度为 0.1529，吉林省的对外开放度为 0.0636，黑龙江省的对外开放度为 0.0922，辽宁省分别为两省的 2.40 倍和 1.66 倍。

二、与全国及其他地区的比较

（一）与全国平均水平比较

由图 5-5 可以看出，1990～2014 年以来，东北地区的对外开放度明显低于全国平均水平，2007 年差距最大。东北地区的对外开放度呈现波动上升的趋势，且波动幅度较大。相对东北地区而言，全国的对外开放度的则保持着相对平稳的增长趋势，波动幅度较小。进一步的观察可以发现，全国的对外开放度和东北地区的对外开放度波动趋势大体相同。

图 5-5　1990～2014 年东北地区与全国平均水平开放度比较

（二）与其他地区的比较

按照本书中对外开放度的测算方法，本节选取了 2000 年、2005 年和 2013 年三个时点，对全国东部地区、中部地区、西部地区和东北地区的对外开放度做了全面测算，结果如表 5-5 所示。并据此绘制了全国四大地区对外开放度差距图，如图 5-6 所示。通过比较可以清晰地发现：东北地区的对外开放度虽然比西部和中部地区略高，但是与东部沿海地区比较，相差甚远。2000 年，东北地区的开放度是 0.1198，而东部地区是 0.3565；2005 年，东北地区的开放度是 0.1497，而东部地区是 0.4969；2013 年，东北地区的开放度是 0.1220，而东部地区是 0.3473，最高差距达 3 倍之多。

表 5-5   全国各省和四大地区的对外开放度

省份		EO			O1			O2		
		2000 年	2005 年	2013 年	2000 年	2005 年	2013 年	2000 年	2005 年	2013 年
东部地区	北京	0.6790	0.7589	0.6963	1.2935	1.4763	1.3655	0.0644	0.0415	0.0271
	天津	0.4796	0.6283	0.2825	0.8347	1.1828	0.5539	0.1245	0.0738	0.0110
	河北	0.0514	0.0730	0.0671	0.0860	0.1304	0.1201	0.0168	0.0155	0.0141
	山东	0.1388	0.1915	0.1593	0.2481	0.3429	0.3026	0.0295	0.0400	0.0159
	上海	0.5021	0.8558	0.6566	0.9493	1.6509	1.2650	0.0548	0.0607	0.0481
	江苏	0.2520	0.5311	0.3057	0.4417	1.0040	0.5766	0.0622	0.0581	0.0348
	浙江	0.1985	0.8515	0.2885	0.3752	1.6557	0.5536	0.0217	0.0472	0.0233
	福建	0.2752	0.3559	0.2505	0.4667	0.6793	0.4820	0.0836	0.0325	0.0190
	广东	0.7027	0.7996	0.5563	1.3110	1.5543	1.0877	0.0943	0.0449	0.0249
	海南	0.1352	0.1464	0.1652	0.2027	0.2318	0.2948	0.0677	0.0610	0.0356
	合计	0.3565	0.4969	0.3473	0.6554	0.9483	0.6697	0.0576	0.0454	0.0248
中部地区	山西	0.0446	0.0564	0.0457	0.0791	0.1075	0.0776	0.0101	0.0053	0.0138
	安徽	0.0523	0.0747	0.0916	0.0956	0.1390	0.1484	0.0091	0.0105	0.0348
	江西	0.0383	0.0659	0.0956	0.0671	0.0828	0.1587	0.0094	0.0489	0.0326
	河南	0.0231	0.0347	0.0707	0.0374	0.0599	0.1155	0.0088	0.0095	0.0259
	湖北	0.0486	0.0709	0.0543	0.0753	0.1143	0.0914	0.0220	0.0275	0.0173
	湖南	0.0372	0.0502	0.0428	0.0586	0.0746	0.0636	0.0159	0.0257	0.0220
	合计	0.0386	0.0552	0.0656	0.0643	0.0910	0.1069	0.0128	0.0194	0.0244

续表

省份		EO			O1			O2		
		2000 年	2005 年	2013 年	2000 年	2005 年	2013 年	2000 年	2005 年	2013 年
西部地区	重庆	0.0470	0.0569	0.1782	0.0827	0.1016	0.3362	0.0113	0.0123	0.0203
	四川	0.0315	0.0488	0.0883	0.0537	0.0877	0.1523	0.0092	0.0098	0.0242
	贵州	0.0275	0.0309	0.0343	0.0531	0.0574	0.0641	0.0020	0.0044	0.0045
	云南	0.0399	0.0581	0.0749	0.0746	0.1122	0.1365	0.0053	0.0041	0.0133
	陕西	0.0558	0.0544	0.0459	0.0984	0.0958	0.0777	0.0133	0.0131	0.0142
	甘肃	0.0249	0.0562	0.0511	0.0448	0.1115	0.1016	0.0049	0.0009	0.0007
	青海	0.0334	0.0512	0.0221	0.0502	0.0623	0.0413	0.0166	0.0401	0.0028
	宁夏	0.0640	0.0693	0.0406	0.1243	0.1297	0.0777	0.0036	0.0090	0.0036
	新疆	0.0692	0.1257	0.1039	0.1373	0.2498	0.2042	0.0012	0.0015	0.0036
	广西	0.0514	0.0561	0.0722	0.0818	0.1045	0.1414	0.0209	0.0076	0.0030
	内蒙古	0.0579	0.0666	0.0306	0.1097	0.1084	0.0441	0.0060	0.0249	0.0171
	合计	0.0444	0.0598	0.0747	0.0795	0.1093	0.1360	0.0092	0.0103	0.0135
东北地区	辽宁	0.1912	0.2270	0.1639	0.3372	0.4175	0.2614	0.0452	0.0365	0.0664
	吉林	0.0613	0.0814	0.0660	0.1083	0.1477	0.1233	0.0143	0.0150	0.0087
	黑龙江	0.0501	0.0819	0.0937	0.0784	0.1422	0.1674	0.0218	0.0215	0.0199
	合计	0.1198	0.1497	0.1220	0.2081	0.2723	0.2036	0.0315	0.0272	0.0403

资料来源：《中国统计年鉴》，以及各省份统计年鉴（2001 年、2006 年、2014 年）。

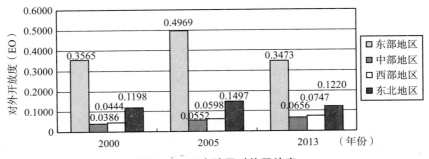

图 5－6　四大地区对外开放度

三、结论

通过对外开放度的比较，可以得出以下两方面结论：

（1）在东北三省内部，辽宁省在对外开放度、贸易开放度和投资开放度上都处于领先地位，且其他两省与其差距明显。吉林和黑龙江两省之间差距不大，且呈交替领先趋势，在2000年左右及以后，黑龙江省在对外开放度、贸易开放度和投资开放度上都超过吉林省。说明吉林省的对外开放问题较为突出。

（2）通过与全国及其他地区的比较可见，东北地区对外开放度低于全国平均水平，四大板块对外开放度由高到低排序为：东部地区、东北地区、西部地区和中部地区。虽然东北地区高于西部和中部地区，但与东部地区相差较大。

第四节　东北地区对外开放度与经济增长的实证分析

一、东北三省整体实证分析

在检验东北三省对外开放度与经济增长的协整关系之前，需要对各时间序列进行单位根检验，以检查各时间序列的平稳性。若序列是非平稳的，则可能出现伪回归现象。若时间序列是平稳的，则可进一步对各变量进行协整检验。本书利用 Eviews 6.0 软件，采用 ADF（Augmented Dickey - Fuller）方法检验各序列平稳性，结果如表 5 - 6 所示。

从表 5 - 6 的检验结果可以看到，所有原始序列的 ADF 检验都接受原假设，lnEO 序列的一阶差分在 1% 的显著性水平下拒绝了原假设，而所有其他序列的一阶差分序列都在 5% 的显著性水平下拒绝了原假设，说明所有原始序列存在单位根，说明是非平稳的。对原始变量进行一阶差分后的序列检验结果表明，一阶差分变量的 ADF 统计量实际概率水平值都小于 5%，因此差分序列为平稳时间序列，鉴于所有变量具有同阶单位根，因此可以进一步进行协整检验。

表 5 - 6　　　　　　　　　　变量单位根检验

变量	ADF 检验值	检验形式（c, t, p）	概率值	结论
lnGDP	- 3. 286243 *	（c, t, 4）	0. 0985	非平稳
ΔlnGDP	- 3. 089940 **	（c, 0, 0）	0. 0455	平稳
lnK	- 3. 237683	（c, t, 5）	0. 1085	非平稳
ΔlnK	- 3. 122158 **	（c, 0, 1）	0. 0472	平稳
lnL	0. 592659	（c, t, 0）	0. 9989	非平稳
ΔlnL	- 3. 121858 **	（c, 0, 0）	0. 0459	平稳
lnEO	- 2. 355839	（c, 0, 0）	0. 1644	非平稳
ΔlnEO	- 4. 696999 ***	（0, 0, 0）	0. 0001	平稳

注：检验值中 * 代表在 10% 的显著性水平下显著，** 代表在 5% 的显著性水平下显著，*** 代表在 1% 的显著性水平下显著。

鉴于 EG 协整检验主要适用于两变量间的协整分析，本书为多变量间协整检验，因此采用 Johanson 的协整检验方法。

（1）建立包含 lnGDP、lnEO、lnK 和 lnL 的四变量无约束 VAR 模型，表 5 - 7 中的滞后长度选择标准中所有的评价指标都倾向于选择 1 阶，因此确定最优滞后长度为 1 阶，建立 VAR(1) 模型：

$$
\begin{pmatrix} \ln GDP \\ \ln EO \\ \ln K \\ \ln L \end{pmatrix} = \begin{pmatrix} 0.70 & 0.12 & 0.21 & -0.39 \\ -0.30 & 0.52 & 0.4 & -3.72 \\ -0.25 & 0.27 & 1.22 & -1.19 \\ -0.04 & 0.01 & 0.04 & 0.88 \end{pmatrix} \begin{pmatrix} \ln GDP(-1) \\ \ln EO(-1) \\ \ln K(-1) \\ \ln L(-1) \end{pmatrix} + \begin{pmatrix} 4.73 \\ 3.20 \\ 11.41 \\ 1.13 \end{pmatrix}
$$

表 5 – 7   最优滞后长度选择标准

Lag	LogL	LR	FPE	AIC	SC	HQ
0	52.04781	NA	1.49e – 07	– 4.367983	– 4.169612	– 4.321253
1	174.2225	188.8154 *	9.89e – 12 *	– 14.02023 *	– 13.02837 *	– 13.78658 *
2	185.5391	13.37412	1.80e – 11	– 13.59446	– 11.80912	– 13.17389

注：检验值中 * 代表 10% 的显著性水平下显著。

模型中四个方程的拟合优度分别为 0.999、0.649、0.995 和 0.986，除了 lnEO 方程的拟合效果稍差些以外，所有其余变量方程的拟合效果都非常好，另外模型残差特征根的倒数均在单圆内，满足 VAR 模型稳定性条件。

（2）进一步在 VAR 模型基础上进行 Johanson 协整检验，表 5 – 8 中迹统计量和最大特征根统计量都表明，在 1% 的显著性水平下拒绝没有协整关系的原假设，而且接受了至多一个协整关系的原假设，说明四个变量间存在 1 个协整关系。协整结果表明东北三省的资本存量、从业人口和对外开放度对产出存在正的影响。

表 5 – 8   Johanson 协整检验

Unrestricted Cointegration Rank Test（Trace）				
Hypothesized No. of CE（s）	Eigenvalue	Trace Statistic	0.05 Critical Value	Prob.
None	0.824358	61.60702	47.85613	0.0015
At most 1	0.413028	21.60296	29.79707	0.3211
At most 2	0.273725	9.349052	15.49471	0.3341
At most 3	0.083006	1.993039	3.841466	0.1580
Unrestricted Cointegration Rank Test（Maximum Eigenvalue）				
Hypothesized No. of CE（s）	Eigenvalue	Max – Eigen Statistic	0.05 Critical Value	Prob.
None	0.824358	40.00406	27.58434	0.0008
At most 1	0.413028	12.25391	21.13162	0.5228
At most 2	0.273725	7.356012	14.26460	0.4479
At most 3	0.083006	1.993039	3.841466	0.1580

　　为了进一步检验对外开放对经济增长作用的途径和效应，对以上的 VAR（1）模型进行脉冲响应分析。从图 5－7 的广义脉冲响应中可以看到，对外开放冲击对经济增长的影响始终为正，且在滞后 4 年达到正最大值 0.040778，此后逐步稳定为正 0.04 的响应值，这是对外开放对经济增长的直接效应；资本存量对经济增长的冲击会导致经济长期持续的正向响应，最高响应值出现在滞后 6 年，1 个单位标准差的冲击会导致经济增长 0.054596 个单位的响应，说明资本投资增长对经济增长影响较高，但是时滞较长；而劳动力冲击的影响开始为负，滞后 2 年后开始转为正向响应，且最大响应出现在滞后 7 年后，响应值为 0.027838，这说明东北三省的劳动力整体过剩，劳动力数量的增长短期内对经济增长不利，但是长期内劳动力数量的增长也伴随着优质劳动力规模的扩张，因此对经济增长有利，但是从经济增长的响应值看，其对资本冲击的响应值最大，劳动力数量的响应值最小，而对外开放冲击对经济增长的影响在三因素模型中居中。从对外开放对资本积累的影响看，对外开放一个单位标准差的冲击会导致资本积累在滞后 1 期后产生最大响应 0.077，并在滞后 4 期后基本稳定在 0.06 的响应值水平上，这说明对外开放的冲击对资本积累具有正的效应，资本积累的增加间接带动了经济增长，这是对外开放对经济增长的间接效应。对外开放通过劳动力对经济增长

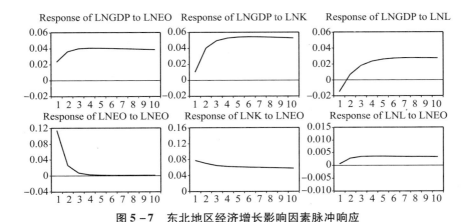

图 5－7　东北地区经济增长影响因素脉冲响应

的间接带动作用在脉冲响应分析中十分低，劳动力对对外开放的最大响应值仅为 0.0036，因此可以认为对外开放通过人力资本带动经济增长的作用微乎其微。

二、东北三省与长三角及京津冀地区的对比——基于面板数据模型的分析

前文从东北三省自身的经济增长因素入手分析，发现在三因素中对外开放对经济增长的影响不大，为了进一步对比东北三省对外开放对经济增长影响的程度和方式，本书进一步运用面板数据模型对东北三省、长三角和京津冀修正后的 C - D 生产函数进行估计。面板数据模型如下：

$$LnGDP_{it} = lnA_0 + \beta_{1it}lnEO_{it} + \beta_{2it}lnK_{it} + \beta_{3it}lnL_{it} + \varepsilon_{it} \quad (5.9)$$

其中 GDP 为总产出，A_0 为封闭经济下的索洛余值，EO 为对外开放度，K 为资本存量，L 为劳动力数量，i 表示第 i(i = 1，2，3) 个截面，t 表示时期 (1990 ~ 2014 年)。

由于本书中所使用的面板数据为长面板数据，因此为了避免伪回归，首先对东北三省、长三角和全国的 lnGDP、lnEO、lnK 和 lnL 进行面板单位根检验，结果如表 5 - 9 所示。

表 5 - 9　　东北三省、长三角与京津冀面板数据单位根检验结果

变量	共同单位根检验	异质单位根检验		
	LLC t* 统计量	IPS W 统计量	ADF - Fisher 卡方统计量	PP - Fisher 卡方统计量
lnGDP	- 2. 24897 **	0. 16863	3. 57861	6. 34360
ΔlnGDP	- 2. 01893 **	- 4. 4117 ***	29. 9396 ***	7. 45227
lnEO	1. 02835	1. 13828	3. 10372	3. 42444
ΔlnEO	- 6. 70393 ***	- 5. 35347 ***	35. 3625 ***	36. 2481 ***
lnK	- 0. 56272	1. 37323	1. 27758	4. 40547

续表

变量	共同单位根检验	异质单位根检验		
	LLC t * 统计量	IPS W 统计量	ADF – Fisher 卡方统计量	PP – Fisher 卡方统计量
ΔlnK	− 1. 56181 *	− 3. 0789 ***	21. 0857 ***	9. 4889 *
lnL	2. 26204	2. 03966	2. 38789	2. 39609
ΔlnL	− 2. 46019 ***	− 3. 22677 ***	22. 6474 ***	22. 9518 ***

注：检验值中 * 代表在 10% 的显著性水平下显著，** 代表在 5% 的显著性水平下显著，*** 代表在 1% 的显著性水平下显著。

从表 5 - 9 中结果可以看到，除了对外开放度（lnEO），所有原始变量都接受了具有共同单位根的原假设，而异质单位根检验的三个统计量显示，四组变量原始数据都表现为具有异质单位根（lnEO 的 IPS W 统计量例外），同时绝大多数的一阶差分变量为平稳变量，因此可以进行面板数据协整检验。进一步，基于 Johansen Fisher 的面板协整检验结果表明，迹统计量和最大根统计量都支持四个变量间存在两个协整关系，如表 5 - 10 所示。因此，可以建立面板数据模型。

表 5 - 10　　　　　　　　　面板协整检验结果

Hypothesized No. of CE（s）	Fisher Stat. （from trace test）	Prob.	Fisher Stat. （from max-eigen test）	Prob.
None	44. 48	0	26. 25	0. 0002
At most 1	23. 13	0. 0008	19. 55	0. 0033
At most 2	9. 275	0. 1587	6. 208	0. 4003
At most 3	13. 48	0. 0359	13. 48	0. 0359

鉴于东北三省、长三角与京津冀在经济发展规模、状况和特性上的差别，本书选择了面板数据变系数模型进行参数估计，同时考虑到参数检验的自由度和样本容量，本书仅对所关注的对外开放度进行了变系数的估计。同时考虑到长面板数据模型可能产生的自相关性，本书在运用

两阶段可行最小二乘法进行参数估计，对参数估计标准误差进行了基于时期权重的 PCSE 修正。从表 5 – 11 的估计结果看，所有变量的系数均十分显著，因此应该使用变系数模型。模型估计结果表明，对外开放度对所有三个区域影响都显著，但长三角的对外开放经济增长弹性系数为 0. 177601，明显高于东北三省的对外开放弹性系数；京津冀的对外开放弹性系数略低于长三角地区，为 0. 163222；东北三省的对外开放弹性系数最低，仅为 0. 082973。

表 5 – 11　　　　东北三省、长三角与京津冀面板数据模型参数估计结果

Variable	Coefficient	Std. Error	t – Statistic	Prob.
Log（L）	0. 381777	0. 022060	17. 30600	0. 0000
Log（K）	0. 744800	0. 016797	44. 34033	0. 0000
_DONGSANSHENG – LOG（EO_DONGSANSHENG）	0. 082973	0. 034966	2. 372951	0. 0207
_CHANGSANJIAO – LOG（EO_CHANGSANJIAO）	0. 177601	0. 057265	3. 101371	0. 0029
_JINGJINJI – LOG（EO_JINGJINJI）	0. 163222	0. 065395	2. 495933	0. 0152
Weighted Statistics				
R-squared	0. 985038	Mean dependent var		10. 51247
Adjusted R-squared	0. 984103	S. D. dependent var		2. 914732
S. E. of regression	0. 141817	Sum squared resid		1. 287165
Durbin – Watson stat	0. 183211	Second – Stage SSR		1. 287165
Instrument rank	9			

三、辽宁、吉林、黑龙江三省的 VAR 模型分析

从东北三省与长三角及京津冀地区的对比可以看到，东北三省对外开放对经济增长拉动作用有限，为了进一步探究其原因，寻求东北三省对外开放对经济增长作用的短板，本书接下来将东北三省按照行政区域进行划分，从辽宁、吉林和黑龙江三省分别进行 VAR 模型的分析。

首先，变量 lnGDP、lnEO、lnK 和 lnL 面板单位根检验，如表 5 – 12

所示，其结果表明，绝大多数所有原始变量都拒绝了具有共同单位根的原假设，而异质单位根检验的三个统计量显示，五组变量原始数据都表现为具有异质单位根，同时一阶差分变量为平稳变量，因此可以进行面板数据协整检验。其次，基于 Johansen Fisher 的协整检验，在 5% 的显著性水平下，迹统计量检验显示有 3 个协整关系，最大根统计量显示有 2 个协整关系。因此，进一步建立 VAR 模型。

表 5 – 12　　　　　　　　　　变量面板单位根检验

变量	共同单位根检验	异质单位根检验		
	LLC t* 统计量	IPS W 统计量	ADF – Fisher 卡方统计量	PP – Fisher 卡方统计量
lnGDP	– 3. 6146 ***	– 3. 54039 ***	24. 1694 ***	1. 78965
ΔlnGDP	– 1. 6698 **	– 2. 29015 **	14. 8352 **	13. 252 **
lnEO	– 3. 1713 ***	– 0. 57701	6. 43803	7. 62605
ΔlnEO	– 5. 78174 ***	– 5. 24598 ***	34. 6065 ***	34. 5525 ***
lnK	– 0. 74843	0. 59076	2. 6439	0. 81684
ΔlnK	– 2. 51354 ***	– 1. 93881 **	14. 9743 **	22. 4602 ***
lnL	3. 35221	3. 56359	0. 27422	2. 8499
ΔlnL	– 11. 7344 ***	– 11. 1708 ***	76. 4666 ***	75. 2063 ***

注：检验值中 ** 代表在 5% 的显著性水平下显著，*** 代表在 1% 的显著性水平下显著。

对东北三省影响经济发展因素的变系数模型估计结果表明，各省对外开放对经济增长的影响存在明显的差异，使用面板数据 PCSE 估计法对模型进行参数估计，结果如表 5 – 13 表明，辽宁省的经济增长主要受对外开放、资本和劳动力影响，对外开放的弹性系数为 0. 136，即对外开放程度每提高 1%，那么就会促进经济增长提高 0. 136%；黑龙江省的对外开放度每提高 1 个百分点，经济增长提高 0. 368 个百分点。尽管对外开放的弹性系数远低于资本和劳动弹性系数。但是，从横向对比看，仅有黑龙江省的对外开放弹性系数在东北三省中是最高的，这说明辽宁省和吉林省的对外开放机制还有待加强，从而从整体上提高东三省的对外开放对经济增长的贡献；从资本与劳动的经济增长贡献上看，这

表 5 – 13 　　　　　　　　　　辽吉黑三省经济增长模型估计结果

Dependent Variable：LOG（GDP_P?）
Method：Pooled EGLS（Period random effects）
Date：12/29/15　Time：22：36
Sample：1990 2013
Included observations：24
Cross-sections included：3
Total pool（balanced）observations：72
Swamy and Arora estimator of component variances
Period weights（PCSE）standard errors & covariance（d. f. corrected）

Variable	Coefficient	Std. Error	t – Statistic	Prob.
C	0.579178	0.117758	4.918373	0.0000
_LN – LOG（EO_LN）	0.135956	0.006096	22.30226	0.0000
_JL – LOG（EO_JL）	− 0.028087	0.003503	− 8.017440	0.0000
_HLJ – LOG（EO_HLJ）	0.367761	0.003821	96.25648	0.0000
_LN – LOG（K_P_LN）	0.560958	0.002206	254.3064	0.0000
_JL – LOG（K_P_JL）	0.550493	0.001991	276.4607	0.0000
_HLJ – LOG（K_P_HLJ）	0.483674	0.002886	167.5843	0.0000
_LN – LOG（L_LN）	0.503273	0.015618	32.22349	0.0000
_JL – LOG（L_JL）	0.444531	0.015936	27.89487	0.0000
_HLJ – LOG（L_HLJ）	0.653665	0.017469	37.41962	0.0000

Random Effects（Period）

1990 – C	− 0.205542	2002 – C	0.151305
1991 – C	− 0.239052	2003 – C	0.148798
1992 – C	− 0.241918	2004 – C	0.121769
1993 – C	− 0.223830	2005 – C	0.094298
1994 – C	− 0.181978	2006 – C	− 0.008813
1995 – C	− 0.102024	2007 – C	0.017831
1996 – C	− 0.020844	2008 – C	− 0.014577
1997 – C	0.050796	2009 – C	− 0.010216
1998 – C	0.101422	2010 – C	− 0.051242
1999 – C	0.131043	2011 – C	0.081992
2000 – C	0.125022	2012 – C	0.062908
2001 – C	0.143291	2013 – C	0.069560

续表

Weighted Statistics			
R-squared	0.983258	Mean dependent var	1.645500
Adjusted R-squared	0.980828	S. D. dependent var	0.398291
S. E. of regression	0.055149	Sum squared resid	0.188565
F-statistic	404.5908	Durbin – Watson stat	0.609735
Prob （F-statistic）	0.000000		

两个因素在辽吉黑三省上对经济增长都有显著的促进作用，其中辽宁和吉林省的资本产出弹性系数高于劳动力产出弹性系数，而黑龙江省的资本产出弹性系数低于劳动力产出的弹性系数，说明辽宁省和吉林省经济增长靠投资拉动更为明显。

从经济增长的动态影响机制角度，本书构建了辽宁、吉林、黑龙江三省的 VAR 模型，并进行了脉冲响应分析。从辽宁省的脉冲响应分析结果看，如图 5 - 8 所示，辽宁省对外贸易开放度对经济增长存在直接影响，一个单位标准差的对外贸易开放度冲击会带来经济增长在滞后两年后的持续正向响应，该响应值在滞后 8 期后达到最大值 0.026。同时贸易开放的冲击对资本积累也存在持续正的影响，该影响在滞后 7 期后达到最大值 0.07，说明贸易开放不仅对经济增长有直接作用，而且存在间接的作用效果。但是贸易开放度对劳动力的影响方向并不清晰，某种程度上限制了对外贸易开放度通过人力资本向经济增长的传导；而投资开放度除了在短期（1 年）内对经济增长有正的影响外，在较长的滞后期内对经济增长的直接影响都是负的，并逐渐收敛为零，这说明投资对外开放的经济增长作用方向并不稳定。从投资对外开放的间接传导途径看，投资对外开放冲击对资本积累的影响持续为负，说明目前状况下，投资对外开放的扩大并不利于资本积累，投资对外开放的资本积累传导途径不畅，投资对外开放对劳动力的影响也是在 1 年的正响应后，立即转为持续的负响应，说明投资对外开放在长期内降低劳动力数量，不利于经济增长。

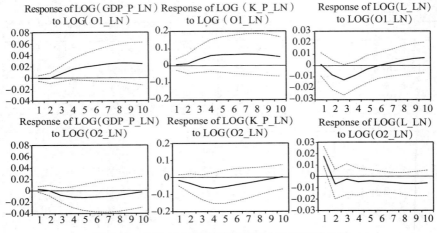

图 5 - 8　辽宁省经济增长影响因素脉冲响应分析

从吉林省的脉冲响应分析结果，如图 5 - 9 所示，吉林省对外贸易开放度对经济增长的直接影响基本接近于零，而且一个单位标准差的对外贸易开放度冲击会带来经济增长持续负向响应，说明吉林省对外贸易开放度对经济增长没有直接的促进作用。同时贸易开放的冲击对资本积累也存在负向的影响，尽管在滞后 4 期存在小幅的回调，但是并不能影响整体，说明贸易开放不仅对经济增长没有直接作用，而且也不存在通过资本积累的间接作用效果。但是贸易开放度对劳动力的影响方向在滞后 8 期以内持续为正，这说明对外贸易开放度在某种程度上提高了吉林省的劳动力水平，从而间接促进了经济增长；而吉林省的投资开放度对经济增长的直接和间接作用效果与辽宁省相类似，说明投资对外开放的扩大并不利于资本积累，也对劳动力水平的提高没有明显的帮助作用。从而可以看出，无论是从对外贸易开放度还是投资开放度来看，对外开放的扩大对经济增长的作用都不是十分明显。

从黑龙江省的脉冲响应分析结果，如图 5 - 10 所示，黑龙江省对外贸易开放度对经济增长存在直接影响，一个单位标准差的对外贸易开放度冲击会带来经济增长在持续正向响应，该响应值在滞后 7 期后达到最大值 0.026。同时贸易开放的冲击对资本积累在滞后两年后的也存在持

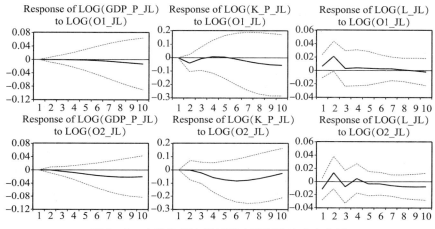

图 5 - 9　吉林省经济增长影响因素脉冲响应分析

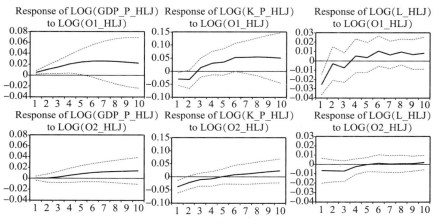

图 5 - 10　黑龙江省经济增长影响因素脉冲响应分析

续正的影响，该影响在滞后 8 期后达到最大值 0.055，贸易开放度冲击在短期内（3 年内）对劳动力的影响是负的，但是长期内对劳动力存在持续正的影响，这说明虽然短期内对外贸易的开放不利于劳动力水平的提高，甚至冲击劳动力数量下降，但是长期内这种状况将有所改善，对外开放水平的提高可以通过人力资本的积累间接促进经济增长。因此，黑龙江省的贸易开放不仅对经济增长有直接作用，而且存在间接的作用效果。黑龙江省的投资开放度对经济增长有持续正的影响，该影响在滞后 7 期达到最大值 0.026。从投资对外开放的间接传导途径看，投资对外开放冲击对资本积累的影响在 4 期以内为负，但是在长期下，该响应值则为正，说明长期视角下，投资对外开放的扩大将有利于资本积累，投资对外开放的资本积累传导途径长期内有效，投资对外开放对劳动力的影响也是在 5 年后转为持续的正响应，说明投资对外开放在长期内将提高劳动力数量，从而促进经济增长。总之，无论是从对外贸易开放度还是投资开放度来看，黑龙江省的对外开放的扩大对经济增长的作用都存在。

四、主要结论

通过上述实证分析，可以得出以下主要结论：

（1）通过对东北地区整体的协整检验和脉冲响应分析，可以得出三点结论：一是对外开放度、资本存量和劳动力数量都与产出之间存在显著的正相关关系，说明东北地区对外开放对经济增长起正向的促进作用，需要进一步扩大对外开放。二是脉冲响应结果显示，资本存量、对外开放和劳动力数量对经济增长冲击的响应值分别为 0.054596、0.040778 和 0.027838，说明东北地区的经济增长还是以投资驱动型为主，对外开放和劳动力拉动作用有限。东北地区需进一步调整经济结构，由要素驱动转为创新驱动。三是脉冲响应结果显示，资本积累对对外开放度的冲击产生正的响应值，最大为 0.077，说明对外开放存在资本积累效应，"挤出效应"不明显。

（2）通过辽吉黑三省脉冲响应分析，结果显示：三省的贸易开放度和投资开放度对 GDP 冲击的响应值存在差异，其中黑龙江最为明显，为 0.26（8 年）；辽宁投资开放度对经济增长的方向不稳定；吉林省则两项都不明显。说明与黑龙江省相比，辽宁省和吉林省的对外开放机制还有待完善。

（3）通过东北地区、长三角和京津冀地区的面板数据模型分析，可以得出，长三角地区、京津冀地区和东北地区对外开放经济增长弹性系数分别为 0.177、0.163 和 0.082。说明在对外开放对经济增长的拉动作用上，东北地区与长三角和京津冀地区还有很大差距，在进一步扩大对外开放的同时，东北地区还要加强体制机制、产业结构、所有制等方面的改革，进一步提高人才和技术方面的储备，从而通畅对外开放技术溢出效益的传导路径，降低对外开放拉动经济增长的门槛。

第六章

影响东北地区对外开放及
经济增长的主要因素

第一节 外 部 因 素

一、TPP 和 TTIP 抑制我国出口和对外投资[①]

美国主导的 TPP 和 TTIP 战略一旦如期实现，全球贸易将出现全新格局，对欧美的好处难以历数，而中国因此受到的孤立和压制，则不可小觑。

目前，中国已成为世界第二大经济体，本轮产业结构调整的潜力正在慢慢凸显，因而可在颇多领域方面，形成和发达国家合作、进行产业内部分工的能力。截至 2007 年，我国经济总量是改革初期的 14.9 倍，国际贸易量超过 2.1 万亿美元，是改革初期的 104 倍。在国际贸易领域，中国对外贸易额占全球贸易总额的比重超过了 10%。根据"十二

---

① 刘友法. TPP 和 TTIP 的影响分析及对策思考 [J]. 开发性金融研究，2015（8）.

五"规划，中国在夯实全球第一贸易大国的地位方面，每年将会以10000 亿美元的规模扩大对外贸易，并逐步朝着贸易强国发展。在投资领域，中国虽然在投资总量上尚待形成规模，但是也正成为主要国际直接投资来源国。然而，以 TTP 和 TTIP 为引擎的"两洋贸易与投资战略"实施后，势必会导致"贸易转向"和"资本流转向"，诱发新一轮的跨地域经济与贸易整合进程。贸易与投资新格局必将严重制约中国现行经济发展的模式，从而影响中国经济发展的前景，制约中国经济增长的后劲。近一步说，TTP 和 TTIP 将严重挤压中国传统的出口市场份额，制约中国吸引国际直接投资的计划。而其所推动构建的也是与发达国家经济和社会发展阶段相适应的行政、劳工劳动与环保标准。分析表明，欧美日等发达国家和地区对中国发起的新一轮反补贴、反垄断和并购的重要手段，就是源于 TTP 和 TTIP 特意为中国量身制定的关于"国有企业、政府补贴、政府采购"等全球标准。近年来，相关国家在对华贸易制裁中频繁使用的反补贴手段，实际上构成了 TTP 和 TTIP 新规则的预演。

二、全球金融危机对我国经济的影响

全球金融危机爆发后，中国作为一个持续稳定发展的世界大国，也在此次危机中受到了严重的冲击。虽然由于中国的经济体制不同，其仅遭受了有限冲击，但在维持了长达八年的经济高速增长后，金融危机还是对中国经济产生了消极影响，增长的速度开始出现缓慢下降的趋势。我国 2008 年 1 ~ 3 月的国内生产总值增长速度为 10.6 个百分点，且此后第二季度和第三季度的增长速率分别为 10.4 个百分点和 9.9 个百分点，2008 年的 GDP 增速与 2007 年的 11.9% 相比，出现了明显下降，且仍呈现出逐渐下降的态势。在此金融危机影响下，我国出口业最先受到冲击，出口额迅速下降。随着金融危机影响的逐步深入，投资领域和消费领域也相继受到了冲击，投资需求和消费需求显著减少，危机对我国经济的影响也在不断加大，经济增速自 2008 年的第三季度也开始出现下滑趋势。并且，10 月到 12 月的经济增速也仅仅为 6.8 个百分点，明显低于第三季度增速。

（一）对我国外贸的影响

在全球金融危机的影响下，国际市场对我国产品的需求量迅速缩减，对外贸易的环境持续恶化，对我国贸易发展造成了一系列恶劣的影响，进口增幅连带出口增幅都有所下降。从市场视角来看，中国与主要贸易伙伴，如美国、欧盟、日本、东盟等，进出口的增长速度均呈现下降趋势。且自 2009 年的前两个季度开始，作为中国主要贸易伙伴的美国、日本和欧盟在内的许多国家，其对中国的进出口增长速度极速下降甚至出现负增长。其中，我国对欧盟、美国和日本的对外贸易额分别减少了 20.9%、16.6% 和 23.1%。从进口和出口商品角度来看，劳动密集型产品，如纺织品、服装等，出口都出现了下降。而涉及高新技术和机电的产品，其出口受到全球经济危机冲击最为严重。2009 年的三个季度内机械电子的出口额由原本的 6174 亿美元减少至 4964 亿美元，总计减少了 19.6%。高新技术产品与机电产品相比受影响较小，出口额减少了 17.7%，降至 2558 亿美元。从企业角度来看，各企业由于受到金融危机和经济危机的双重影响，我国进出口的发展环境日益恶化，特别是一些中小企业由于自身对抗风险的能力差，出现了资金链断裂等问题。造成这些问题的原因主要有以下三点。一是由于人们对经济发展预期有着消极判断，其对产品的需求迅速减少，长期订单变为短期合作，大额订单也变为了小额订单，致使企业交货压力提高，也使得企业所承担的出口压力有所加大。二是由于经济危机对金融市场的影响，进口、经销和零售企业由于在融通资金方面出现问题从而无法支付负债，导致企业停产甚至破产，使得贸易风险不断加大，各企业的出口积极性有所下降。三是由于国际市场受到经济危机影响，生产所需要的原材料售价十分不稳定，企业生产也进一步受到影响，增加了企业生产的不确定性，导致各企业生产成本有所提高。在生产层面，由于工资上涨、原材料价格提高、资金难以收回等原因，企业出现亏损状况。

（二）对我国投资的影响

我国目前经济持续稳定发展仍主要受投资的推动。尽管在2009年，中国固定投资总额依然处于稳定上升的态势，但除去通货膨胀等其他客观因素后，实际投资额的增长幅度迅速下降，且投资在制造行业的减速明显。从投资的主体角度来看，受危机影响人们对人民币坚挺程度出现了怀疑，同时也对经济未来发展有着消极判断，需要大量劳动力的企业尤为受其影响，生产遭受很大冲击。

（三）对我国劳动力市场的影响

国内众多行业，如房地产、航空、石化、电力等行业在全球金融危机的影响下，生产与发展都进入了寒冬，很多企业纷纷采取减少工资和裁剪企业人员来缩减成本，以度过企业生产的冰河期，如南方航空、中石油企业、波导公司等。夏新电子企业更是将1.3万名的员工减少至5000名左右，通过裁员来减少工资方面的费用。与此同时，中国整体经济发展主要依赖于出口贸易，出口额的大幅度减少意味着大量的企业生产过剩，工厂停产甚至由于资金运转不灵而造成破产，员工的失业问题急需解决，特别是农民工大量下岗，使得社会极其不稳定。2008年末，我国城镇间的失业率较以往有所提高，由原本的4.0%上升到4.2%。截至12月，1.3亿的进城务工农民工中，将近2000万人次因难以找到工作，不得不返回家乡另谋生路。出现这种"农民工失业潮"的原因，主要是因为沿海城市受经济危机影响，对外贸易环境恶化，很多第二产业进出口企业的增长速度和经济效益更是出现了明显的减少趋势，且部分以出口为导向的中小型企业纷纷停产甚至倒闭，导致很多农民工失业且难以再次找到工作。

第二节 区域因素

一、东北亚区域合作是东北地区对外开放的主攻方向

（一） 东北地区在东北亚区域经济合作中具有比较优势

东北地区参与东北亚区域经济合作的比较优势主要有以下四方面：一是地缘优势。东北地区地处东北亚中心地带，是连接欧亚的"大陆桥"，具有优越的地理和交通优势。二是政策优势。东北老工业基地的振兴以及面向东亚地区的开放，历来受到国家的高度重视，辽宁沿海经济带、沈阳经济区、长吉图开发开放先导区和哈长地区四大"国家战略"齐聚东北；同时，国家先后颁布了《中国东北地区面向东北亚区域开放规划纲要（2012~2020）》等相关文件。三是分工优势。东北地区在东北亚各国间的分工处于较为独特的地位，既与日本、韩国等发达国家存在垂直分工关系，又与俄罗斯、蒙古国、朝鲜等发展中国家保持着密切的水平分工关系，起了特殊的承接和连带作用。四是东北地区幅员辽阔，高校林立，科研院所众多，专业人才聚集，具有一定的资源和人才优势。

（二） 东北亚区域经济合作为东北振兴提供动力

1. 为东北地区提供广阔的外部市场

东北亚地区是全球重要的经济体，经济规模仅次于欧盟和北美，地区的贸易总额也占全球相当比重。自20世纪90年代以来，各国间双边关系发展迅速，贸易往来密切。地处东北亚核心地带的东北地区，可以利用其独有的区位优势进一步拓宽对外市场空间，优化出口产品结构，

提升出口产品竞争力，从而推进对外贸易的多元化发展。

2. 缓解东北地区的能源束缚及储备问题

东北地区当下的经济发展还是以高能耗的粗放型增长方式为主，资源的有效利用和深度开发方面与发达国家相比，还有很大差距。而东北亚各国在能源生产、储备、加工、再利用以及运输等方面存在各自的优势，与东北地区有一定的互补性。一方面，俄罗斯和蒙古国石油和天然气等资源储备丰富，东北地区通过加强与其合作，可以有效解决能源约束问题。例如，2011 年泰舍特—斯科沃罗基诺—大庆输油管道竣工，年设计输油量 1500 万吨；2014 年中俄天然气进口协议成功签订，年输气量 600 亿～800 亿立方米。另一方面，日本和韩国在石油的储备和冶炼能力、煤炭和天然气等能源的开发上都具有明显的技术优势，东北地区可以利用技术的转移和承接来缓解东北亚区域能源紧张的局面。

3. 为东北地区提供必要的资金和技术

面向东北亚地区扩大对外开放，特别是扩大与日韩两国的经济合作，东北地区不仅可以通过吸引外资，完成设备等条件的改造，还可以通过对外开放的技术溢出效应，来促进产业结构的调整：一方面，承接、吸收日本和韩国在制造业以及电子科技等方面技术转移，促进东北老工业基地的传统产业结构升级改造；另一方面，通过加快高新园区以及高新经济开发区的建设，扩大与日韩之间的经济合作，能够推进电子信息、生物技术、节能环保等高新技术产业的升级。

4. 促进东北地区体制改革

东北老工业基地最早进入计划经济体制，最晚退出计划经济体制，受计划经济的影响最深，经济体制与行政管理体制的诸多方面都难以适应市场经济的要求。随着东北亚区域合作的不断深入，区域内共同政策建设和落实的需要以及在区域内保持所处竞争优势地位的需要，都迫使东北地区所面临体制改革的压力逐步变大，对改革的诉求逐步变强，进而推动东北地区的体制机制改革进程。

二、东北亚区域合作的复杂性对东北地区对外开放的制约

（一）中日韩自贸区建设进展缓慢

东北亚区域一体化从提出至今，由于其复杂的历史、政治、经济关系，导致进展缓慢。首先，从合作形态看，东北亚区域经济合作属于松散的非制度合作，以双边合作及贸易和投资为主要形式，协调机制以地方政府和非官方的组织机构为主；其次，从合作层次看，东北亚区域经济合作属于低端的初级合作，地区间整体的自贸区尚未建成。中国、日本、韩国三国作为东北亚乃至全球重要的经济体，中日韩自由贸易区的建设被认为是东北亚区域一体化的关键，如图 6-1 所示。该设想自从2002 年首次被提出，历经数次谈判，至今未果。但有两个方面阶段性成绩值得关注：一是 "10+3" 框架下中日韩三国合作机制；二是三国的部长会议机制和交流合作平台形成。2014 年，中韩自贸区签订成功，标志着中日韩自贸区建设取得了重大进展，距离东北亚区域经济一体化又迈进了一步。但是，由于中日自贸区谈判受阻，中日韩一体化尚需时日。

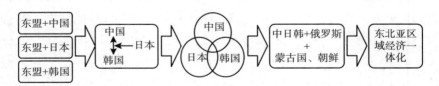

图 6-1　东北亚区域经济一体化路径

（二）大国因素的影响至深

有史以来，东北亚地区都是各国关系最为复杂的区域之一。朝鲜半岛的长期对峙、各国的历史遗留问题和领土纷争以及美国的全球战略，都长期影响着东北亚地区的一体化进程，区域内外的大国关系是影响东

北亚区域一体化的根本因素。主要有：

（1）美国及其主导的 TPP 和 TTIP 的影响。美国是影响东北亚区域一体化进程的主要因素：一是随着美国"亚太再平衡"战略的实施，美国、俄罗斯、日本、韩国等国之间也出现新的组合和博弈，美日韩同盟空前加强，是当下复杂关系的最新动向，使原已扑朔迷离的东北亚局势又增变数。二是 TPP 战略限制了日本参与中日韩自贸区合作。TPP，全称跨太平洋伙伴关系协定，又称"经济北约"。2016 年 2 月 4 日，美国、日本等 12 个国家在奥克兰正式签署了跨太平洋伙伴关系协定（TPP）协议。该协定几乎囊括了所有的亚太地区国家，对 APEC 将形成严重冲击，而日本作为美国的盟友，选择 TPP、排斥中日韩自贸区实现了美国的战略意图。三是美国主导的 TPP 和 TTIP 一旦付诸实践，将对目前被其排挤在外的中国这个最大的发展中国家将产生巨大影响。具体而言，TTP 和 TTIP 推动构建的是与发达国家经济和社会发展阶段相适应的行政、劳工劳动与环保标准，因而将严重挤压中国传统的出口市场份额，制约中国吸引国际直接投资的计划[①]。

（2）中日经济合作关系进入"囚徒困境"。从东北亚内部来看，中日关系是制约一体化进程的主要焦点；从中日韩自贸区的建设来看，中韩自贸区已成功签署，中日之间的合作又成了自贸区建设的关键；中日之间的博弈关系影响东北亚的全局。借此，本节构建博弈模型对其进行进一步分析：

分析完全信息条件下的静态博弈。假设参加合作的国家之间信息是完全畅通，要素可以完全流动，参与合作的国家贸易结构具有同质性。

假设有 n 个国家参与贸易合作，博弈参与人的集合为 N，$N = (1, 2, 3, \cdots, n)$，i 为第 i 个参与贸易合作的国家，$i \in N$，第 i 个参与合作的国家的贸易量为 T，$T = \{T_1, T_2, T_3, \cdots, T_n\}$。每个参与合作国家的策略集为该国家开放贸易行业的种类，假设协定中有 m 种开放贸

---

① 刘友法. TPP 和 TTIP 的影响分析及对策思考［J］. 开发性金融研究，2015（2）：109－114.

易的行业，j 为参与合作国家开放贸易的第 j 个部门，则各个参与合作国家的策略空间为 j ∈ M，M = (1，2，3，…，m)。根据以上假设，第 i 个国家第 j 个部门的贸易量则为 T_{ij}，假设参与合作国家的支付函数为该国家参加合作所获得的利润，则第 i 个国家第 j 个部门的支付函数为 R_{ij}，i = (1，2，3，…，n)，j = (1，2，3，…，m)。如果贸易自由化，那么同类产品的价格在各个国家之间是相同的，也就是说在本部分参与贸易合作的各个国家利润的高低仅由实际的供给和需求所决定。

假设参与贸易合作国家的第 j 部门产品的价格为 P_j，成本为 C_j，支付函数可以写成：

$$R_{ij} = P_j T_{ij} - C_j \qquad (6.1)$$

对于成本 C_j 而言，在大多情况下是确定不受国家所控制的，在式 (6.1) 中第 i 个国家第 j 个部门的贸易量 T_{ij} 是受国家控制的，参与贸易合作国家的第 j 部门产品的价格 P_j 由市场总供给 Q 决定，$Q = \sum_{i=1,j=1}^{n} T_{ij}$。这样，第 i 个国家贸易产品的支付函数也就是利润，可以写成：

$$R_i = \sum_{i=1}^{n} (P_j T_{ij} - C_j) \qquad (6.2)$$

如果不合作，每个国家都应按自身利益最大化原则决定贸易产品量，各个国家都会选择使得自己获得最大利润的贸易产品量，此时国家的决策为：

$$Max R_i，i = 1，2，…，n$$

$$s. t. \sum_{i=1}^{n} T_{ij} \leq T_i \qquad (6.3)$$

如果合作，参加贸易合作的国家需要按集体利益最大化的原则决定各自的贸易产品量，假设参与贸易合作的国家可以通过协商来确定产品的最高价格 P_h 和最低价格 P_l，此时国家的决策为：

$$Max(\sum_{i=1}^{n} R_i)，i = 1，2，…，n$$

$$s. t. \sum_{i=1}^{n} T_{ij} \leq T_i s. t. P_l \leq P_{ij} \leq P_h \qquad (6.4)$$

假设参与人集合为中国和日本两个国家，即 n = 2；

假设中日两国只开放一种贸易行业，即 m = 1；

贸易量分别为 $T_中$，$T_日$；

生产的成本为 $C_中 = \dfrac{bT_中^2}{2}$，$C_日 = \dfrac{bT_日^2}{2}$，其中 b > 0；

反需求函数 $P = a - (T_中 + T_日)$，a > 0；

那么，中日两国的支付即利润函数 $R_中$、$R_日$ 可以写成：

$$R_中 = f_中(T_中) = T_中 P - C_中 = T_中[a - (T_中 + T_日)] - \frac{bT_中^2}{2} \qquad (6.5)$$

$$R_日 = f_日(T_日) = T_日 P - C_日 = T_日[a - (T_中 + T_日)] - \frac{bT_日^2}{2} \qquad (6.6)$$

中国、日本两个国家对于自由贸易可以选择"合作"或者"不合作"，那么，将会产生如表 6-1 所示的博弈：

表 6-1　　　　　　　　　中国、日本对自由贸易的博弈

国家	日本	
中国	（合作，合作）	（合作，不合作）
	（不合作，合作）	（不合作，不合作）

可以清楚看出，上面是一个典型的囚徒困境博弈模型，根据前面章节分析可知，上述问题（不合作，不合作）是纳什均衡解，表示为 $(T_中', T_日')$，那么，此部分的纳什均衡产量应满足下面式子：

$$\begin{cases} f(T_中') \geqslant f(T_中) \\ f(T_日') \geqslant f(T_日) \end{cases} \qquad (6.7)$$

计算最优解，可得出：

$$\begin{cases} \dfrac{\partial R_中}{\partial T_中} = a - (T_中 + T_日) - T_中 - bT_中 = 0 \\ \dfrac{\partial R_日}{\partial T_日} = a - (T_中 + T_日) - T_日 - bT_日 = 0 \end{cases} \qquad (6.8)$$

解得中国和日本的反应函数应为：

$$\begin{cases} T'_{中} = \dfrac{a - T_{日}}{2 + b} \\[3mm] T'_{日} = \dfrac{a - T_{中}}{2 + b} \end{cases} \tag{6.9}$$

由式（6.9）得出纳什均衡解：

$$T'_{中} = T'_{日} = \frac{a}{3 + b} \tag{6.10}$$

又式（6.10）可以得出如果中日两国不合作，则均衡利润为

$$R_{中} = R_{日} = \frac{a^2(2 + b)}{2(3 + b)^2} \tag{6.11}$$

式（6.11）表明了中日两国不选择贸易合作的均衡解，也就是（不合作，不合作）的结果。

如果双方选择贸易合作，也就是（合作，合作），情况又会怎样呢？假定双方都有足够的条件和需求选择进行贸易合作，使中日两国进行贸易合作成为合理性的选择。那么，在中日两国选择合作的博弈目标可以由式（6.12）表示

$$\underset{T_{中},T_{日}}{\text{Max}} R = \underset{T_{中},T_{日}}{\text{Max}} (R_{中} + R_{日}) = (T_{中} + T_{日})[a - (T_{中} + T_{日})] - \left(\frac{bT_{中}^2}{2} + \frac{bT_{日}^2}{2}\right) \tag{6.12}$$

前文提到过，市场总供给 $Q = \sum\limits_{i=1,j=1}^{n} T_{ij}$，那么在这一部分只有中日两国参与贸易合作，合作部门只有一个部门，则总供给 $Q = T_{中} + T_{日}$。两国贸易的总成本为两国贸易成本的和，根据假设，贸易合作的总成本 $C = \dfrac{bT_{中}^2}{2} + \dfrac{bT_{日}^2}{2}$，因此可以算出，当 $T_{中} = T_{日} = \dfrac{Q}{2}$ 时，总成本最小，此时的总成本为 $\dfrac{bQ^2}{4}$，此时的最大利润为：

$$\underset{T_{中},T_{日}}{\max} R = Q(a - Q) - \frac{bQ^2}{4} \tag{6.13}$$

对 Q 求导，$\dfrac{dR}{dQ} = a - 2Q - \dfrac{Q}{2b} = 0$，求出最优贸易量为：

$$Q' = \frac{2a}{4+b} \tag{6.14}$$

在中国、日本两国都不选择贸易合作时，中日两国的贸易量为 $T'_{中} = T'_{日} = \frac{a}{3+b}$，$T'_{中} + T'_{日} = \frac{2a}{3+b}$，由此可见两国选择贸易合作时的贸易量要小于两国不选择贸易合作时的贸易量，即 $Q' = \frac{2a}{4+b} < \frac{2a}{3+b} = T'_{中} + T'_{日}$，

根据前面计算，得出中日两国在合作的条件下所获得的总利润为：

$$R = \frac{a^2}{4+b} \tag{6.15}$$

而在前面讨论过的中日两国都不选择贸易合作的情况下，两国的总利润为 $R_{中} + R_{日} = \frac{a^2(2+b)}{(3+b)^2}$，相比较可知 $R > R_{中} + R_{日}$。

由上述分析可知，当中日两国对于贸易合作选择（合作，合作）时的总利润要大于两国选择（不合作，不合作）时的利润，这就可以看出两国都选择不合作时的博弈结果不是帕累托最优的，存在帕累托改进，而当两国都选择合作博弈时，其产生的解则是帕累托最优解。也就是说，中日两国在贸易上选择（合作，合作）情况下，整体福利会变好，但是由于各种外在因素，要想签订 FTA，中日双方还要在合作博弈的道路上进行一系列的讨价还价，从而达成合作，实现最优。

第三节　结　构　因　素

产业结构优化是东北地区经济结构优化的核心。但由于历史遗留问题及体制因素等的影响，东北地区的产业结构还存在一系列问题，制约了东北地区的对外开放及经济增长。

一、第三产业发展相对滞后

东北地区第三产业发展缓慢，与国内国际部分地区相比存在严重的

滞后性。2012 年东北三省第三产业增加值占 GDP 比重为 38.8%，不仅相对落后与全球中等收入国家 50% 以上的平均水平，而且也未能到达全球低收入国家 40% 以上的要求，同我国相对发达的长三角经济区（49.4%）、珠三角经济区（44.1%）以及京津冀（52.0%）相比存在较大的距离，低于全国平均水平 7.4 个百分点。

二、第二产业"一柱擎天、结构单一"

（1）东北老工业基地三次产业增加值结构为"二、三、一"格局。从表 6-2 和图 6-2 可以发现，在 2004～2013 年十年中，东北地区第二产业依旧占据核心位置，十年以来平均达到 50% 左右，说明工业始终处于主导地位。具体来说，第一产业在地区生产总值中的比例反映为先下降后平稳的趋势；第二产业的比例出现了持续的小幅度波动的震荡，然而始终稳定维持在 47%～52% 区间内；第三产业在地区生产总值

表 6-2　　　　　2004～2013 年东北地区三大产业总值及其比重

指标	三次产业总值（万亿元）				各产业比重（%）		
年份	GDP	第一产业	第二产业	第三产业	第一产业	第二产业	第三产业
2004	1.45	0.20	0.69	0.57	0.14	0.47	0.39
2005	1.72	0.22	0.84	0.66	0.13	0.49	0.38
2006	1.98	0.24	0.98	0.76	0.12	0.50	0.38
2007	2.36	0.28	1.17	0.90	0.12	0.50	0.38
2008	2.84	0.33	1.46	1.05	0.12	0.51	0.37
2009	3.11	0.35	1.55	1.20	0.11	0.50	0.39
2010	3.75	0.40	1.95	1.40	0.11	0.52	0.37
2011	4.54	0.49	2.37	1.68	0.11	0.52	0.37
2012	5.05	0.57	2.56	1.92	0.11	0.51	0.38
2013	5.47	0.62	2.67	2.19	0.11	0.49	0.40
平均	3.23	0.37	1.63	1.23	0.11	0.50	0.38

资料来源：辽宁、吉林、黑龙江三省的统计年鉴（2005～2014 年）。

中的比例同样呈现出不断震荡的趋势，其中，最小值为 2010 年、2011
年（37%），最大值为 2013 年（40%）。总体来看，三大产业产值比例
始终保持在 11∶51∶38 左右。

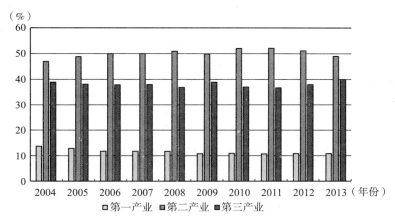

图6-2　2004~2013年东北地区三大产业总值比重

资料来源：辽宁省、吉林省、黑龙江省年统计年鉴（2005~2014 年）。

（2）传统产业、重化工业、资源工业比重大。东北是全国最早的
老工业基地，曾被称为"共和国长子"。截至 2013 年年底，辽宁省石
化、冶金占全省工业增加值比重达 33.5%，吉林省为 27.8%，黑龙江
省仅石油、天然气开采业、石油加工炼焦及核燃料加工业、煤炭三个产
业占全省工业主营业务的比重近 30%。传统产业发展支撑了东北经济
发展，为国民经济体系的建立做出巨大贡献，但在产能过剩的情况下，
也导致东北经济增速缓慢以致经济下行。

（3）主导产业竞争力不强。东北地区的主导产业有：装备制造业
（交通运输设备制造业和机械工业）、石化工业（石化产品、化工产
品）、原材料工业（钢铁、有色金属、非金属制品）、农产品加工业、
医药工业、煤化工业等。一是装备制造业竞争力有待进一步提高。东北
地区装备制造业主要集中在交通运输设备制造业和机械工业，存在的主
要问题有：东北三省汽车工业存在地区之间的合作交流欠缺，科技资源

与人力资源的浪费；汽车零部件的配套能力较弱等问题；船舶工业国产化率不高、核心竞争力不够强；机械工业自主创新能力不强、国际竞争力较低；劳动生产率低下等。二是高耗能产业和资源型产业面临困境。东北地区作为中国能源、原材料生产基地，生产的能源产品和高耗能产品在全国一直占有重要地位，如石化产品、钢铁、化工产品、有色金属、非金属制品等。然而，近年来，石化、钢铁行业在全国的地位呈现价降趋势，这与东北地区资源逐步枯竭存在较大关系，另外还与东北石化工业、钢铁工业产业链短、加工深度不够有关，导致其竞争力下降，市场萎缩。

三、结构因素对东北地区对外开放和经济增长的影响

（1）进口替代战略的影响。东北地区重化工业为主的产业结构，决定了其进出口结构以进口替代型为主。进口替代战略为建立东北乃至全国完整的工业体系做出了应有的贡献。然而，也存在一些问题不利于该地区的对外开放及经济增长，主要有：一是轻重比例不协调。由于进口替代部门均为资本密集型的重工业，使重工业部门积累了大量资本，轻工业因缺乏资本而发展缓慢。二是劳动密集型产业水平不高。在以资本密集型重工业为主体的进口替代部门中，劳动力被替代，致使低成本劳动力的比较优势没有得到充分发挥。三是第一产业未能得到充分发展。东北地区本来是全国重要的农业产区，黑龙江省已超过河南成为全国农业大省，但由于缺乏资金、技术支持，致使现代农业发展缓慢，使农业成为阻碍经济长期增长的"瓶颈"；四是地区经济增长主要依靠国企的自主创新，在短时期内难以实现重大突破，无法与国外展开充分竞争，在一定程度上导致区域经济发展缓慢。虽然，东北地区也在不断发展出口贸易，但其出口更多的集中于"加工贸易"上，致使加工贸易的比重过高。以辽宁省为例，近年来加工贸易比重最高达 47.8%，其主要形式是"三来一补"（如宝马汽车），由于其主导权主要掌握在外商手中，加工贸易的国内产业关联度不高，其快速发展并不能引诱各产

业的关联效应，没能在总体上形成能够提升产业链的竞争力。

（2）对商品国际竞争力的影响。在开放条件下，只有与有竞争优势的产业结构关联度高的外贸商品结构才能在国际市场上有竞争力，才能更好地拉动经济增长。而东北地区的产业结构与外贸结构耦合度较低，致使出口商品竞争力明显偏弱，无法在国际市场上抢占更多的份额，进而制约了其对经济增长的拉动作用。从三省具体情况来看：首先，辽宁省的四大支柱产业为装备制造、冶金、石化和农产品加工。从贸易商品结构（表4－5）来看，装备制造、冶金、石化业体现了自身的比较优势，农产品产业优势不明显，说明辽宁省的农产品加工业升级有待于进一步发展，扩大农产品深加工，延长产业链，提升农产品的国际竞争力。其次，吉林省四大支柱产业主为汽车及零部件、石油化工、农产品加工和医药。从贸易商品结构（表4－6）来看，其农产品加工突出了自身的比较优势，汽车及零配件业也得到了一定程度的体现，但是石油化工产业却不明显，而且农业与汽车业也存在不足：一是农产品出口主要表现为粮食出口，缺乏深加工和高附加值；二是汽车及零配件的出口规模在全国所占比重较小，科技含量有待进一步提升。最后，黑龙江省的四大支柱产业是装备制造、石化、能源和食品。从贸易商品结构（表4－7）来看，贸易商品结构与产业结构存在突出矛盾，主要是装备制造业优势在出口中未得到充分体现，石化产品出口优势逐渐弱化，食品和能源出口优势不明显。

第四节　制度因素

一、所有制结构单一

东北地区是我国进入计划经济体制最早、退出计划经济体制最晚的省份之一。在新中国成立初期到改革开放这一阶段，东北地区是践行生产资料所有制"一大二公"目标最早也最彻底的地区。目前，东北三省尽管所有制结构调整取得较大进展，国有经济比重呈下降趋势，但与东南沿海经济发达省份相比，非公经济发展仍然缓慢，数量较少、比重较低，且国有企业的问题比较突出。

（1）国有企业"一股独大"。2013 年 3 月，《全国老工业基地调整改造规划（2013～2022 年）》显示，全国地级老工业基地城市共 95 个，其中，东北地区有 23 个（辽宁省 11 个，吉林省 6 个，黑龙江省 6 个），占到全国的四分之一。东北地区国有经济的比重过高，2013 年，黑龙江、吉林和辽宁三省规模以上国有企业资产占规模以上工业企业总资产的比重分别为 64.69%、54.09% 和 45.8%，见图 6－3（其中不包括"央企"分布在东北的资产）。经过多年发展，东北地区国有企业资产总额和营业总收入均呈现稳步增长，在税收方面贡献较大。同时也存在许多问题一直困扰着东北老工业基地国有企业改革，主要有：资源依赖问题严重，产业结构不合理；发展质量低下，盈利能力较差；技术创新动力不足，与市场接轨不足；企业负担沉重，改制难度大，历史遗留问题多等。

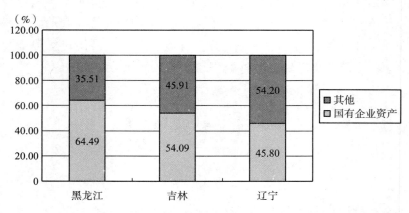

图 6－3　2013 年东北地区国有企业资产占规模以上工业企业总资产的比重

（2）非国有经济发展不足。首先，从民营经济发展来看，与国内发达经济地区相比，东北三省民营企业在规模和民营经济占区域经济比重方面还存在不足。从表 6 - 3 可知，2013 年，东北三省民营企业数量为 16432 家，民营企业资产规模 13394.23 万元，无论是企业数量还是企业规模都还远低于国内江苏省和浙江省。其次，从外商和港澳台投资企业来看，2013 年，东北三省外商和港澳台投资企业数量为 2554 家，资产 10819.25 亿元，实现利润 670.96 亿元，远低于其他发达地区水平，从表 6 - 4 可知，2013 年，江苏省外资和港澳台投资企业数量为 11254 家，远远超过东北三省合计的外资企业数量，浙江、山东和广东也是如此。外商和港澳台投资经济占东北三省经济总量比重也不高，仅为 18.4%，与广东、江苏、浙江和山东地区相比相距甚远。

表 6 - 3　　　　　　　　2013 年东北三省民营企业规模及比较

省份	企业数量（个）	资产（亿元）
东北三省合计	16432	13394.23
辽宁	11807	9619.49
吉林	2735	2246.96
黑龙江	1890	1527.78
江苏	28676	25669.88
浙江	24268	22625.93

资料来源：2014 年辽宁、吉林、黑龙江三省以及江苏、浙江的统计年鉴。

表 6 - 4　　　　　　2013 年东北三省外商和港澳台投资企业发展情况

省份	企业数量（家）	资产（亿元）	利润（亿元）
东北三省合计	2554	10819.25	670.96
江苏	11254	34639.94	2792.48
浙江	6697	15401.03	974.29
山东	4484	11560.81	1205.77
广东	14090	36391.87	2785.41

资料来源：2014 年辽宁、吉林、黑龙江三省以及浙江、山东、广东的统计年鉴。

二、"强政府"特征明显

随着东北地区改革开放的不断发展、市场化程度的不断提高，地方政府制度创新成了东北振兴的客观要求和重要保障。而由于受体制、结构等客观因素的影响，现阶段东北地方政府制度创新阻力重重，其主要问题体现在：

（1）政府职能亟待转变。主要解决政府越位、错位和缺位等问题。从政府越位来说，一方面体现在政府权力过大，干预企业内部事务过多，造成政企不分，制约了企业的发展壮大，另一方面由于政府对市场的干预过当，挤压了市场机制发挥作用的空间；从政府错位来说，由于东北地区现行的政绩考核等体制机制的不完善，导致了各级政府之间本位主义需求差异变大，上下级政府间"上有政策，下有对策"的二元博弈现象明显；从政府缺位来说，应由政府干的事情没有干好，例如产权保护、医疗保障等公共产品和公共服务的提供，资源的节约与环境保护等等，反而干了许多政府不该干、干不好的事情。

（2）行政审批制度亟待改革。行政审批制度烦琐复杂，是我国地方政府制度中存在的普遍现象，也是长期困扰东北地区各方面经济协调发展的突出问题之一。长期以来，由于一些根深蒂固的旧思想及旧观念的惯性作用，东北地区的一些政府机关及其工作人员仍片面地认为行使权力是政府唯一存在的方式，便民、服务意识淡薄。一些常规性审批程序"关卡重重"，令许多相关部门和企业"望而却步"。同时，出于种种原因，个别政府部门之间还出现了争夺审批权、处罚权等现象，扰乱了正常的社会经济秩序，群众反响强烈。

（3）非政府组织（NGO）亟待发展。随着市场经济的不断发展和完善，政府在资源分配等方面的垄断不断弱化，地方政府的职能有待进一步转变，与此同时，非政府组织（各种社会团体、行业协会、民办非企业单位、各种中介等民间组织形）的发展成为宏观调控和市场调节的有力补充，对地方社会经济的发展起到重要的协调作用。与我国南方许多经济发达地区相比，东北地区的非政府组织的发展存在一定的滞后性，其主要问题和不足有以下几方面；一是缺乏专业性、权威性和影响力，而且大多数 NGO 都分布在大城市，存在一定的不均衡性；二是半官半民的准政治性"红顶中介"居多，而纯民办的文化性、经济性的民间组织发展不足；三是各种基金会、公共筹款等资源筹集类的非政府组织不多。

三、市场体系不完善

自改革开放以来，东北地区的市场体系建设不断加快，商品市场体系和要素市场体系得到了较快发展，但面对国内外经济发展的新趋势，东北地区的市场体系建设还存在很大差距，主要体现在：

（1）商品市场中行业垄断和地方保护主义现象严重。一方面，东北地区有关商品市场的现行法律、法规包括规范性文件均存在不同程度的欠缺，对地方保护主义行为缺乏有效的监督、管理和惩处，导致现阶段东北地区地区封锁现象始终存在，部分地区尤为严重。例如，在汽车、药品等行业的流通以及连锁店设立等方面，东北地区的地区封锁问题尤为突出。另一方面，东北地区商品市场中行业垄断现象仍然较多。政府部门滥用职权妨碍、限制市场公平竞争的现象时有发生。个别企业凭借政府给予的特权，从原材料采购、产品的生产及销售等环节上就占有人为的垄断优势，使其他一般企业无法与其公平竞争。

（2）劳动力市场中对高层次人才的激励机制不健全。东北地区由于长期受计划经济体制的制约，严重缺乏真正意义上的企业家和具有创新能力的高端技术人才。东北地区高等学府、科研院所云集，理应为本地区的发展提供强大的支持，但是由于计划经济体制下的人才体制束缚，平均主义和"大锅饭"现象依然存在，一流人才难以获得一流待遇，影响了其创造性和积极性，造成了"孔雀东南飞"现象，2010 年，东北地区科技人才流失超过 50 万人，达到现有技术相关人员的 1/2 左右；引入人才 4 万人左右，尚未达到流失人才的 1/10，在流失人员结构

中，大部分是高水平、重要技术职位上的精英人才，同时呈现出"自然
科学比例大、社会科学份额小，工程技术比例大、基础研究份额小，高
新科技比例大、常规技术份额小的倾向"。同 2010 年相比，2014 年这
五大类技术人员的流失现象仍未明显改观。另外，缺乏完善的选拔机制
与管理机制，高素质人才主要集中在机关和事业单位，远离生产第一
线，也是造成了东北地区企业人才短缺、人才流失和人才浪费现象并存
的主要原因之一。

（3）资本市场发展中金融机构"大而不强"。从数量上看，东北三
省金融机构数量不少，但质量不高，缺乏全国性的"总部金融"。保险
公司、信托公司、证券公司、期货公司、基金公司以及新型金融机构发
展缓慢。东北三省具有多家城市商业银行，从总资产来看，2013 年，
辽宁的盛京银行达到 3554 亿元，大连银行达 2840 亿元，锦州银行为
1789 亿元，哈尔滨银行、吉林银行也有一定实力。其他银行实力则参
差不齐，辽阳银行（744 亿元）、营口银行（713 亿元）、鞍山银行
（683 亿元）、阜新银行（680 亿元），其他银行大多在 300 亿元左右。
从期货业来看，能够称得上"国家队"的只有大连商品交易所，为全
国三大期货交易所之一（其他两家为上海商品交易所、郑州商品交易
所）。从新兴金融业发展看，东北地区也与沿海发达地区有较大差距。

（4）技术市场发展水平不高。一方面，东北地区的技术创新供给
不足。东北地区科技成果主要供应机构是各类科研院所、大专院校，而
民营企业、中小企业研究实力明显不足。2013 年，东北地区研究与试
验（R&D）支出占地区生产总值比重为 1.33%，比全国平均水平低
0.77 个百分点。2012 年，辽宁设有研发机构和开展研发活动的企业数
量分别占规模以上工业企业的 2.7% 和 4.53%，分别比全国平均水平低
8.5 个百分点和 9.2 个百分点。这种资金支持上的不到位和结构分布的
集中性，导致了东北地区技术供给的相对不足。另一方面，产学研用机
制不完善导致了科技成果的转化率低。科技成果转化率和产业化率低是
东北技术创新的一大顽症，由于缺乏资金和相关政策的支持，产学研用
脱节，东北地区许多科技成果无法在东北落地，而是到南方一些城市和

企业寻找合作伙伴，出现"墙里开花墙外红"的现象。

四、非正式制度创新相对滞后

随着改革的深入，计划经济特色浓厚为特点的非正式制度已经逐渐成为东北地区发展市场经济的制约力量，其路径依赖在某种程度上决定和影响着东北老工业基地的发展。东北的一些落后观念已经不适于扩大对外开放及当下的发展。主要有：

（1）安于现状，缺乏忧患意识。长久以来，由于东北地区幅员辽阔、自然条件较好，有大面积的土地可供耕地且能够满足区域内对食物的需求，人们往往选择安于现状而不愿意"走出去"发展经济。与南方地区的高外向度形成鲜明对比的是，东北地区对开放经济的外向度明显不够，这不仅体现在东北地区对外资企业的认可程度不够，还体现在吸纳外资的能力方面后力不足。在开放的大背景下，缺乏忧患意识往往导致经济发展不能适应开放环境对灵活性及适应性的要求。

（2）竞争意识薄弱，市场观念淡漠。由于区位因素的限制，与面向东南亚开放相比，东北地区面向东北亚开放受到很大限制，在某种程度上削弱了东北地区的开放竞争力。传统计划经济体制根深蒂固，也使东北人久而久之就业更愿意"找市长"，而不善于"找市场"，在行动上，市场意识较为淡薄，对市场经济的认识不够深入，在面对竞争时往往处于不利地位。

（3）缺乏创新创业意识。与发达地区相比，东北经济具有浓重的"计划就业"色彩，加之东北土地肥沃、农民安于现状，不愿到外地打工，造成就业意识强而创新创业意识相对较弱，较多依赖于政府的计划安排，或在家看摊守业。

五、制度因素对东北地区对外开放和经济增长的影响

（1）"强政府""弱市场"特征明显。现代市场经济是建立在社会

化大生产、分工专业化基础之上的。随着社会化大生产的发展和分工专业的加强，社会各部门、各行业、各企业之间的联系更加紧密和复杂，这些紧密和复杂的联系都要通过市场来实现。一方面，东北地区市场体系的不健全，必将导致市场交易成本加大，经济运行效率低下；另一方面，政府干预过多，计划经济色彩浓重，二者叠加导致东北地区市场机制发挥有限。是典型的"强政府""弱市场"模式，这种模式的选择具有一定的客观性，曾为东北地区的经济发展起了强有力的保障作用，但是，随着经济全球化和区域经济一体化的不断推进，对市场的要求越来越高，已经不能适应东北对外开放和经济发展的需求，有待进一步改革。

（2）企业国际竞争力不强。东北地区国有企业比重较大，加上国有企业自身的一些问题，形成了东北地区企业竞争力不强的局面。首先，从宏观方面来看，东北地区的地方政府，没有通过加强国内竞争机制来促进国内企业的国际竞争力，而是通过"输血"等方式来帮助企业应对压力，这无疑会增加对资源的扭曲效应。其次，从微观层面来看，一方面，国有企业不以盈利作为唯一目标，同时还肩负着其他社会功能，面对竞争自身调整生产经营模式的动力不足；另一方面，国有企业的"所有者缺位"使其缺乏生产经营效率，政企不分使企业市场化行为扭曲制约了企业自主竞争力的提升，企业尚未根据外部环境的变化和自身发展的需要及时建立起创新机制，企业的决策者还未将企业核心竞争力的培育置于企业生死存亡决策的战略高度，企业忽视知识结构的重组与知识技能的提高等，导致东北老工业基地企业竞争力较弱。

（3）对外开放度偏低。从前文的实证分析可知，东北地区的对外开放度落后于全国平均水平，与东北沿海等发达地区相比，更是差距甚远。这除了与区域因素和东北地区的产业结构因素有关外，还与东北地区的制度因素有直接关系。一方面，东北地区的投资环境欠佳，限制了外商直接投资的流入，影响了东北地区的投资开放度。优化东北地区的吸引外资的软环境，说到底就是转变政府职能。其中行政权力的滥用，审批程序的烦琐，令不少外商望而却步。知识产权保护、法制等相关

"公共品"提供的缺失，也影响了外商直接投资的区位选择。缺乏良好的招商、安商、富商环境是制约东北地区对外开放的"软肋"。另一方面，市场主体秩序、市场交易秩序不规范，阻碍了市场竞争的开展，并导致交易成本增加，造成了对外贸易的比较优势体现不明显等问题，从而制约了东北地区的贸易开放度。要素市场的流通性不强等问题制约了资源的有效配置，使出口的规模经济和现实利益无法导致资源更多地转移到具有比较优势的行业，东北地区出口部门的扩张和带动效应受到制约。

（4）技术溢出效应不明显。通过比较分析东北地区对外开放对经济增长的拉动作用可以看出，东北三省的对外开放对经济增长的弹性系数最低，仅为 0.082973，说明东北地区对外开放的技术溢出效应明显不足。东北地区对外开放技术溢出效应的影响因素有很多，除了东北地区的所有制、行业特征、市场竞争程度、地区的经济发展水平、经济开放度、基础设施、金融市场效率等因素之外，东北地区人力资本存量特别是高端技术人才的贮备和科技研发的投入、转化能力的不足，是制约其对外开放溢出效应吸收能力的主要因素。一般来讲，一个地区的高级人才储备越多、科技研发及转化方面的投入越大，该地区的模仿学习和自主创新能力就越强，对国外先进技术及管理经验的吸收能力越强，进而其对外开放的技术溢出效应就越明显。而东北地区高端人才外流严重，技术研发、落地的相关配套措施不完善等方面的制度问题，严重弱化了本地区的技术吸收能力，导致对外开放的技术溢出效应不明显。

第七章

国内其他主要地区和城市的比较和借鉴

第一节　山东省的主要做法

山东省地处环渤海经济圈，优越的地理位置造就了其良好的外商投资条件。便捷的海陆交通、较多的天然良港以及丰富的资源和广阔的市场，有利于山东省外向型经济的快速发展。经过 30 多年的探索，山东省已基本形成全面开放的整体格局，对外开放对经济有明显的拉动作用。

一、树立开放观念，顺应时代发展趋势

自 1992 年以来，为顺应市场经济发展趋势，山东省委省政府积极响应党中央对外开放的号召，先后进行了多次思想解放大讨论，将对外开放理论推向了一个新的阶段。1992 年 4 月中旬，邓小平讲话发表后，省委省政府在济南召开改革开放以来规模最大的对外开放工作会议，研究确定了山东省对外开放的战略目标、基本思路、工作重点和政策措施。1997 年党的十五大以后，山东省委省政府进行了第二次

对外开放思想解放讨论，建设性地提出了国际化战略，强调毫不动摇地坚持对外开放的基本国策，敞开省门，走出国门，积极参与国际分工、合作和竞争。2001年底和2002年初，针对中国加入WTO后所面临的新环境和新机遇，省委省政府进行了第三次思想解放大讨论。此次思想大讨论以党中央的指示精神为根本，同时与WTO所提倡的创新、开放、国际化、市场化等思想充分结合，体现了省委省政府与时俱进、克服陈旧观念束缚的信心和决心。2008年初，省委省政府在济南召开全省对外开放工作会议，根据当前全省对外开放所处阶段和特征，研究出台了《关于深入贯彻党的十七大精神，进一步扩大对外开放的意见》，对新阶段对外开放工作进行了全面部署。党的十八大以来，山东省省委省政府认真贯彻落实党的十八大和十八届三中、四中全会精神，对本省对外开放提出了更高要求。在2015年7月召开的对外开放座谈会上，省委省政府进一步研究新形势下创造山东对外开放新优势的政策措施，树立形成经济社会全方位开放新格局的目标。

二、发挥沿海与内地各自优势，形成全方位对外开放格局

青岛、烟台、威海等市位于山东东部沿海，在地缘、资源等方面具有明显优势。一方面加强与日、韩的经济合作，另一方面通过引进一大批电子、汽车、化工、造船等领域的重大项目大规模承接国际产业转移，进而推动半岛制造业基地框架的基本形成。东部沿海城市作为对外开放的高地在全省中发挥巨大的带动作用。

济南市充分发挥省会城市的辐射作用，通过大力推进服务业的发展促进省会城市圈的建设与开放。其他城市如淄博、临沂等因地制宜，充分发挥自身优势，通过农业对外开放、外贸出口、境外上市等各具特色的开放形式不断优化产业结构，为开放型经济增强了活力。同时，山东省大力建设经济园区，将其作为本省对外开放的支柱，各类园区在产业集聚、科技创新、示范带动等方面发挥举足轻重的作用。目前全省已拥

有 15 家国家级经济技术开发区、2 家保税区、5 家出口加工区以及 145 家省级经济开发区和 15 家高新技术产业开发区。

2007 年，山东省省委省政府依据本省优势建设性地提出了"一体两翼"和海洋经济战略。在战略实施过程中"一体"指以胶济铁路为轴线形成的横贯东西的中脊隆起带，大力提高经济带的核心竞争力，提升对外开放层次。"两翼"指黄河三角洲高效生态经济区和鲁南经济带，通过发挥自身在资源和劳动等方面的优势扩大开放领域，积极承接产业梯度转移。自 2013 年"一带一路"战略实施以来，山东省作为海上战略支点和新亚欧大陆桥经济走廊沿线重点地区，正在积极融入"一带一路"的战略规划，创造对外开放新格局，目前正在打造青岛为"一带一路"双向开放的桥头堡，同时推动其他城市积极参与，在合作框架下发挥自己的优势，推动生产和服务联动走出去，打造自己的全球价值链，全面提升本省的经济开放水平。

三、全面优化本省对外开放环境，增强投资吸引力

良好的对外开放环境是扩大对外开放程度、提高对外开放水平的先决条件。改革开放 30 多年来，山东省从改善基础设施、改革行政管理体制和经济体制、完善社会服务等方面着力优化本省的软硬环境。在基础设施方面，逐步完善铁路公路交通网、建设发达的通信网、丰富能源供给、建立现代物流体系、深入开拓市场，为对外开放提供了良好的基础条件。在改革行政管理体制上，将简政放权、转变政府职能、强化政府的服务意识作为行政管理体制改革的"先手棋"。政府不断简化审批手续，减少审批事项，2015 年、2016 年两年削减行政审批事项 489 项，同时全面推行政府权力清单制度。在经济体制改革方面，山东省先后进行了金融组织体系改革、财税体制改革、国有企业公司治理结构改革，旨在健全完善资本、技术、信息、人才、劳动力、土地等要素市场，营造了良好的投资环境，激发了对外开放的活力和动力。同时，山东省注重优化社会服务功能，通过加大对医疗、教育、文化、旅游、娱乐等的

投入建设，不断优化本省的人文环境，从而增强对客商的吸引力和投资黏性。

四、科技战略与品牌战略并举，实现高水平对外开放

（1）积极响应国家政策，实施"科技兴贸"战略。自2012年，针对省内外贸不足、外在竞争力不足的外贸形势，山东省在实践中注重以下几点：一是坚持政策引导促进"科技兴贸"，加大对技术进口、国际认证、高新技术产品研发的扶持，加强省市之间的上下联动，形成配套科技兴贸政策促进体系；二是推动创新基地建设，发挥创新基地的示范作用，以省内特色产业园区和行业领先大企业为依托着力打造特色产业聚集区、自主创新的先导区、对外开放的示范区；三是着力提升出口企业自主创新能力，大力支持电子信息、生物医药、新能源等高新技术领域开展行业认证以应对目前高新技术产品国际市场壁垒日趋增长的趋势。科技兴贸战略促进了本省产业结构优化升级，提高了出口企业的国际竞争力。近年来，在国家"一带一路"对外开放战略格局下，山东省有针对性地进行国际科技合作，构建与"一带一路"沿线国家开展科技合作新机制，强化省内企业在国际科技合作中的主体地位；加强与重点国别在重点领域的科技合作；筹划开展面向"丝绸之路经济带"沿线国家科技人员的技术交流；围绕战略性新兴产业发展与传统产业转型的重大技术需求，"引进来"突破重大关键技术"瓶颈"；鼓励有条件的科技园区和企业"走出去"，借力海外优势创新资源。

（2）实施品牌强省战略，提高对外开放层次。一是制定阶段性发展目标。《山东省名牌发展规划（2005～2010年）》中提出到2010年要培育5个以上国际品牌的目标，在山东省"十一五"规划纲要中提出"增强山东名牌在国际国内市场上的竞争力和影响力"的战略目标，2016年发布的《山东省人民政府关于加强推进品牌建设的意见》明确提出四个工作指标：市场环境明显优化，品牌数量持续增加，品牌竞争

力明显提升，品牌经济贡献率显著提高。二是加强产业标准体系建设，增强品牌建设软实力，坚持用更高标准引领，鼓励企业制定高于国家标准或行业标准的企业标准，加快山东标准的国际化进程。三是促进知识产权保护与运用。进一步采用行政和司法手段加大对知识产权的保护力度，进一步挖掘并提升知识产权的核心价值。四是对品牌建设加大政策扶持力度。运用政策引导与市场化手段相结合的方法做好品牌的培育与壮大，对品牌出口企业给予财政和贸易支持。通过市场化手段引入竞争机制，优化社会资金、生产要素等资源向名牌企业流动。五是将品牌战略延伸至不同产业。对于农产品注重挖掘农耕文化资源，增加优质农产品供给，打造以"齐鲁灵秀地，品牌农产品"为主题的山东农产品整体品牌形象。对于制造业，鼓励企业进行设备更新升级、产品创新，加快培育核心技术，形成规模优势。针对服务业，加快与国际接轨步伐，培育一批高端品牌。六是根据市场需求建立梯度出口品牌体系。一方面，支持企业实施品牌差异化战略，有针对性地对出口品牌分为高、中、低档不同层次；另一方面，鼓励有条件的企业通过技术创新等手段由中、低档品牌向高档品牌转变。①

第二节　浙江省的主要做法

改革开放30多年来，浙江省走出了一条专属的发展路子，这条道路契合浙江发展现实、具有浙江特色。就其经济而言，可以说是独具浙江特色的"浙江经济"，并且其经济发展十分迅速，一些主要的经济指标都显示出其经济水平位于全国领先水平。目前，包括浙江在内的长江三角洲城市群（还有江苏、安徽和上海）已经是国际六大世界级城市群之一。

① 赵丽娜. 山东对外开放30年 [J]. 改革开放30年中国特色社会主义，2008（8）：223-226.

一、坚持经济体制改革，民营企业成为开放的中坚力量

改革开放以来，浙江省一方面确立了以公有制为主体、多种所有制同时存在，公有制与多种所有制相互促进的市场经济体制，另一方面由始至终都坚持从实际出发，将经济体制改革作为发展的动力，鼓励并推动非公有制经济的发展，同时促进外资经济的发展。上述两方面使得浙江省在全国占据了体制先发的优势地位，使得其对外开放走在全国的前列。经济体制的改革推动了浙江省外贸的发展，民营经济使得浙江省的外贸增长速度成为全国最快的省份之一。相关数据显示，2013 年，浙江省的出口总额位居全国第四，出口的增长幅度位居全国第三位，其中民营经济是浙江省对外开放的进程中最具活力与特色的部分。经济体制改革促进了浙江省的招商引资，中国对外开放 30 多年来，浙江省通过积极引进外资，促进外资经济发展，经历了四个阶段，这四个阶段分别为探索起步、迅速增长、回落调整和急速扩张阶段。2000 ~ 2007 年，浙江省实际利用外资的年均增长速度达到 36.4%，其外资增速处于高速发展阶段。另外，根据相关数据显示，2007 年浙江省实际引进外资额总量处于全国第四位，达到 559.8 亿美元，由此可见，浙江省利用外资滞后的情况已经基本上得以改变。经济体制改革增强了企业竞争力，尤其是民营企业的竞争力，这使得民营企业成为浙江省对外开放的主体，从而使浙江省的境外投资处于全国的领先地位。2000 年至今，浙江省无论是境外机构数，还是进行境外投资的境内机构数，都一直处于全国第一的地位。到 2007 年年底，浙江省已经核准进行境外投资的境外机构数处于全国第一的地位，达到 3039 家；其境外的投资总额位列全国第三位，达到 20.94 亿美元。2013 年，浙江省的民营企业数量为 24268 家，资产为 22625.93 亿元，分别是江苏民营企业数量的 85%，资产数量的 88%；是东北三省民营企业数量总计的 1.47 倍，资产数量总计的 1.69 倍①。根据

---

① 资料来源：2014 年各省统计年鉴整理获得。

相关统计数据显示，2015 年与 2016 年浙江省入选中国民营 500 强企业的数量都是位居全国第一位。

二、坚持"出口导向"，鼓励参与国际分工

在 1985～1990 年的"七五"计划时期以及 1991～1995 年的"八五"计划时期，浙江省相对于国内其他省份较早地提出了"外向型"的经济发展战略，并在此基础上，进行了发展思路的创新以及外贸体制的改革。1988 年，中国正如火如荼地进行着扩大沿海开放的策略，浙江省也在此背景下提出了"出口导向，贸易兴省"的策略，鼓励全省积极加入到国际分工中。邓小平同志南方谈话后，浙江省在外经贸的工作上提出了新的发展思路，该思路可以简单概括为 6 个字"四上、三抓、二转"，体现了浙江省发展思路的创新，与此同时，在外贸体制的改革方面浙江省也走在了全国最前列。1999 年，浙江省政府在外贸方面最先提出了"四个多元化"以及"两个推动"战略，并在提出后快速地再加以了实施。其中"两个推动"是指：推动浙江省内的企业去境外开展投资创业等活动，使得省内那些产能过剩的产业加速向境外进行转移，从而缓解省内的产能过剩问题；推动浙江省内的专业市场扩展到海外，在境外创办分市场。2000 年，浙江省在《关于进一步扩大对外开放，加快开放型经济发展的决定》中提出了新的战略思路——实行大开放，促进大发展。2003 年，省政府提出浙江在对外开放的进程中应该做到"三个转化"，首先要把浙江的区位优势转化为对外开放优势，其次要把浙江的体制优势转化为国际竞争优势，最后要把浙江的产业优势转化为出口竞争优势。在 2001～2005 年实行的第十个五年计划中，浙江省又提出了新的外贸发展思路——"一个格局、两个并举、三个调整"这个新思路有效地扩大了浙江省的对外开放程度，同时推动了其经济的快速发展。在"十二五"中，浙江省提出要转变外贸发展方式，在不断引进外资的基础上提高对外资的利用效率，进一步加快对外开放的建设步伐。

三、坚持行政管理体制改革和政府职能转变

改革开放 30 多年以来，浙江省在行政管理体制改革和政府职能转变方面做了很多的努力。浙江省最先实行行政审批制度改革，不断在审批制度上创新，前后总共进行了三轮审批制度的改革，此外，浙江省所有的市、县都相继建立起了行政审批中心。相对于中国其他的省份，浙江省的省级审批项目是全国最少的。这些年，浙江省在投资体制改革方面也做出了很多努力，例如，浙江省是最早开始对政府投资项目管理进行立法的省份，同时设立了"代建制"等试点。此外，浙江省也是最早设立"扩大县级政府管理权限改革"试点的省份之一，这在促进县域对外开放以及经济发展方面起了十分大的作用。另外，根据增强公共管理的要求，浙江省对公共财政体制改革积极地加以推进，对财政支出结构创造性地加以优化；根据提高行政效率的条件需要，浙江省政府对科学决策制度的建设、机关效能的建设以及依法行政的建设积极地加以推进，对政务公开全面地推行。同时，公共突发事件应急的预案体系已基本上得以确立。2001 年我国加入 WTO，浙江省各级政府相继开展适应性改革，以此适应我国加入世贸组织带来的冲击与机遇，而这些改革明显地加快了公共服务型政府的建设步伐，对高效、开放的市场环境的形成有着极大地促进作用。①

第三节 广东省的主要做法

广东省是我国对外开放的大门，广义的珠三角经济圈可以包括广东省 15 城市和香港澳门，是仅次于长三角经济圈和京津冀经济圈的中国第三大经济区。广东省是珠三角的典型代表，其利用与香港、澳门、广

---

① 赖存理，赵建华. 浙江对外开放基本经验初探 [J]. 浙江统计，2009（1）：15 – 18.

西、湖南、江西和福建接壤，与海南隔海相望这独特的地理优势，自改革开放以来，飞速发展经济，从一个落后的农业省起步，以开放促改革，成为经济大省，连续 23 年保持全国经济总量第一。

一、解放思想，发扬"勇为天下先"精神

1978 年，党的十一届三中全会提出"对外开放，对内搞活经济"的方针。1979 年，广东省委对各个大城市的企业、基础设施、就业人数等进行深入的调研，初步设想在广东各市创办出口加工型的企业及园区，并希望党中央给予广东省特殊的政策。这一富有创意的设想很快得到党中央和邓小平的肯定和赞赏，邓小平将广东省的汕头、珠海贸易加工区命名为特区。1979 年 7 月，党中央的正式文件下发到广东省，优惠的经济政策和灵活自主的措施开启了广东省的对外开放之路。三十多年来，广东人真正诠释"勇为天下先"的精神，他们不断解放思想，发展新理念，并将理论应用于实践，自主摸索着创办企业。率先冲破计划经济体制，实行半计划半市场的经济模式。对外则引进外资创办企业，对内则放开物价，放宽投资，搞活全省的经济，渐进式的改革很快得到人们的响应，提高人们的积极性和创业者的热情。从而使得广东省转型为外向型的经济大省，最早构建成完整的市场体系和对外开放的格局。不仅为其他的经济特区的发展积累宝贵的经验教训，而且对于全国的改革开放起到意义深远的示范作用。

二、大胆利用外资，坚持出口导向

广东省所走的致富之路与日本所走之路及快速崛起的亚洲"四小龙"有相似之处，利用本省的充足的劳动力和丰富的自然资源，积极承接港澳地区劳动密集型的产业转移，从而使得广东省以服装、玩具为主的轻工业产品在国际市场的竞争力大大增强。以出口导向战略作为全省经济发展的战略，外向型经济的发展不断提高全省的贸易出口额。广东

省"三资"企业产品出口和"三来一补"企业产品出口是其重点发展的对象，而且这类企业的比重越来越大。优惠的经济政策吸引大量的资金，这样不仅解决企业经营资金周转困难的问题，还在一定程度上引进先进的技术和优秀的管理人才，外向型经济的发展很快增加了本省的就业人数，还提高本省的财政收入。1992 年春邓小平南方谈话，提出广东要用 20 年时间赶上亚洲"四小龙"。这时广东掀起了新的一轮改革开放高潮的阶段。"先行一步"的广东综合经济实力大大增强，成为我国经济国际化程度最高的省份之一，但同时一些深层次矛盾逐渐显现。广东认真贯彻落实中央提出的"积极、合理、有效"利用外资方针，根据自身优势特点和经济发展的客观规律，实施外向带动战略，坚持外向型经济立省，并由此推动科技进步，促进产业结构升级，创立广货名牌，带动广东经济全面提升，使广东对外开放开始了质的飞跃。在引进资金的同时，开始注重引进先进的技术、管理经验和人才。20 世纪 90 年代中后期，世界知名的跨国公司纷纷在广东省开始进行项目投资，创立分公司。在重化工、大型基础设施、高新技术产业和现代服务业等行业，利用外资结构开始改善，外商投资企业的技术含量大量提高。在引进外商企业的资金同时，广东省开始注重优秀人才的引进、先进的技术水平和超一流的管理经验。高新技术企业、"三高"农业成为外商投资的热点。截至 2002 年年初，在广东直接投资的世界五百强企业就超过一半以上，还有来自世界 100 多个国家和地区的其他企业到广东投资，全省实际吸收外资累计 1400 多亿美元，其中外商直接投资 1100 多亿美元。2013 年，广东省港澳台和外商的投资企业达到 14090 家，遥遥领先于全国其他的各省，是东北三省总数的 5.5 倍。①

三、善用地缘人缘条件，开展多层次全方位的区域经济合作

2001 年，中国成功加入世界贸易组织，标志着我国的对外开放进

---

① 2014 年辽宁、吉林、黑龙江三省以及浙江、山东、广东的统计年鉴，具体数据通过统计整理获得。

入了新的阶段。全国性的对外开放格局进一步形成，国务院赋予广东省的政策优势已不复存在，加上劳动力的工资水平也越来越高。广东省面临着严峻的挑战，对内则有起点较高的长三角洲经济圈的奋起直追，对外面临着外资企业撤资的境地。为保持广东省对外开放的优势，广东省制定出一系列新的促发展、谋福利的经济政策。一是全面实施CEPA，进一步加强与港澳开展全方位、多层次合作，进一步完善合作机制，将原先的简单初加工的工业转变为制造业和服务业的进一步深化合作，将投资贸易规模继续扩大。建造大型跨境的基础设施，社会民生领域合作不断深化。二是进一步加强泛珠三角区域的合作领域，通过建立行政首长联席会议、常任理事会成员等机制协调各地区经济发展，另外，还成功举办四届泛珠论坛和东南亚各区域经贸洽谈会议，深入推进对外开放的合作领域。三是从实施区域经济战略转型为经济国际化战略，通过优惠的税收政策鼓励企业加大企业的研发费用，提高其产品的质量，增加出口产品的竞争能力，争取用 20 年的时间在国际市场打出广货品牌。四是从"引进来"到"走出去"的战略转变，在全球经济低迷的发展状况下，鼓励企业到海外并购具有潜力的公司，使得对外投资有快速的发展。进出口总额从 2002 年的 2210 亿美元增加到 2012 年的 9839 亿美元，十年之间增长 3.5 倍之高。初加工产品的出口转变为以机电和高新技术产品为主的出口产品。一般贸易产品的出口的比重越来越低，加工贸易转型升级加快，国内增值率达 56.6%。但是累计吸收的外资比重越来越低，如今吸收的外资仅仅只有 700 多亿美元，而且以发达国家和跨国公司的投资为主，这种外资集中投向高新技术产业、服务业和基础设施行业。"走出去"战略加速推进，广东省在 90 多个国家和地区设立工厂和创办企业高达 1804 家，对外投资和工程承包快速发展，与东盟的交流合作深入开展，口岸工作和"大通关"建设成效显著。①

---

① 唐生. 广东对外开放 30 年进程 [J]. 广东经济，2009 (1)：31 - 33.

第四节 福建省的主要做法

福建地处祖国东南沿海，自古在中国的对外经济往来中占据重要地位。改革开放 30 年来，福建省充分利用率先开放、政策先行的对外开放优势，发挥侨、台、海、特的省情，以改革促开放，以开放带发展，取得了骄人的成绩。

一、正确处理改革和开放的关系，促进经济又好又快发展

开放、改革、发展三者之间是相互促进、相互依存的。改革为发展提供强大内在动力，开放为发展增添活力，发展是改革和开放的最终目标。福建省对外开放取得的成就是外部积极抓住国际机遇和内部深化改革共同作用的结果。改革旧的体制、摆脱旧框架的束缚是建立符合国际市场竞争要求运行机制的必然要求和必由之路。同时，对外开放促进了国内改革，对外开放所要求遵循的国际惯例为深化改革提供了标准。改革和开放相辅相成，共同致力于促进福建省国民经济持续健康发展。

不仅如此，改革开放以来福建省因地制宜，将本省特色与优势融入改革开放中，使改革与开放具有了地区特色，推动福建经济实现质的飞跃。一是简政放权，深化改革。为了扩大出口需求，福建先后出台了一系列文件下放外贸经营权和外贸审批权。1986 年出台了《关于加快开放改革步伐，大力发展外向型经济的决议》，为促进开放的改革提供了整体思路。1988 年，福建省积极响应党的十三大提出的外贸体制改革的政策：自负盈亏、放开经营、工贸结合、推行代理制，实行外贸上的承包经营责任制，将工贸双方的利益捆在一起，提高经营和开拓国际市场的能力。同时，福建省还逐步下放外商投资审批权，简化审批手续，改革外商投资收费体制，通过行政管理体制改革增强对外商投资的吸引

力。1988 年国务院批准了《关于福建省深化改革、扩大开放，加强外向型经济发展的请示》，福建省放宽了利用外资政策，扩大了出口管理和经营自主权，放宽了进口审批和经营权，进一步建立更加适应国际大循环经济发展路子的环境和管理体制。二是招商引资，加快走出去步伐。通过不断培育新的投资热点和增长点，加快基础设施建设为客商提供良好的投资环境，定期举办招商推介会，发挥投资在经济增长和结构优化中的关键作用。30 多年来，福建省先后引进了围海造地工程、水利枢纽工程、交通工程等一大批大项目和特大项目，全省的外商投资平均规模得到不断扩大。有数据表明，单 2015 年全省新批外商投资项目 1689 项，合同外资 144.6 亿美元，增长 70.3%，增幅创 22 年来新高，实际利用外资 26.8 亿美元，增长 8.0%，高于全国 2.4 个百分点。其中服务业实际利用外资 32.4 亿美元，同比增长 28.5%，增长较快的行业有：信息传输、计算机服务和软件业、批发零售业和金融业等，显示出福建省实际利用外资持续强劲的增长势头。

福建省在"引进来"的同时，积极实施"走出去"战略。鼓励和支持有条件的企业，尤其是具有非公有制性质的个体、私营企业对外投资推进经营主体多元化；加强规划和建设境外布点，与省重点经贸伙伴国（地区）建立一批海外基地用于推进贸易投资等项目和拓展国际经济技术合作业务，贯彻落实"一带一路"战略，打响福建企业"走出去"品牌。

二、发挥侨台港澳优势，深化改革开放

由于历史原因，很多华裔商人定居港澳台以及东南亚国家。福建省位于东南沿海，凭借优越的地缘、亲缘优势，这些华裔商人率先进入祖国进行投资，成为福建省吸引外资的重要组成部分。为充分利用侨台港澳资源优势，福建省采取了多方面的策略。一是建立台商投资区域和福清融侨经济技术开发区，利用各区完善的基础设施和深厚的人文积淀吸引台商侨商入驻。截至 2015 年年底，福建省共有福州、泉州、漳州、

海沧、杏林、集美六大国家级台商投资区，共有企业 198 万户。融侨开发区已形成一区多园的区域联动发展布局，形成"侨台港外联合开发"的高度开放局面。二是充分发挥闽港、闽澳、闽台经济合作促进委员会和港澳台闽籍社团的作用，加强与港澳的经贸合作。切实保障港澳台同胞企业投资的合法权益，适当放宽投资领域。三是在过去经贸交流的基础上，充分利用福建省自由贸易区试验平台，深化两岸经贸合作。通过创新行政管理体制，推动建立外商投资前国民待遇加负面清单管理模式，促进贸易便利化和国际化。四是响应国家不同时期的大政方针。过去"以侨引侨""以侨引台""以侨引外""以港引侨""以港引外""以台引台"的政策方针引领福建省取得辉煌的成就，面对"一带一路"的宏伟战略，福建省继承并发展过去积累的经验，大力发挥 21 世纪海上丝绸之路核心区作用，通过打造与海丝沿线国家和地区的重要枢纽，与东南亚地区互连互通，实现更高水平、更高层次的对外开放。

三、逐步扩大开放地域，形成梯度对外开放格局

1980 年 10 月，国务院批准厦门设立经济特区，成为福建省迈向世界的第一步，厦门经济特区作为我国六大经济特区之一，是福建省对外开放的桥头堡，在全省中发挥着示范作用。厦门充分发挥侨区优势，积极推行外向型战略，坚持引进生产型、先进型、出口创汇型企业，开拓出利用外资的良好局面。1984 年，福州凭借优越的地理位置、自然资源、经济基础及技术管理被国务院批准为全国第一批对外开放城市之一。福州作为对外开放城市放开了利用外资建设项目的审批权限，增加了外汇使用额度和外汇贷款，扩大了福建省对外开放的窗口，进一步将外资与先进技术引入本省。20 世纪 80 年代后期~90 年代初，南平、三明、龙岩内地三区被列为国家沿海开放区以来，福建省开始给予相应的优惠政策以加大对内地开发开放的支持力度。到 20 世纪 90 年代中期，充分利用国内国外两种资源发展外向型经济是福建省对外开放的侧重点，要求不仅要加强与国外的交流引进国外先进的技术、管理方法，积

极融入国际市场参与国际分工，而且要注意横向拓展，加强并深化与国内其他省份的经济联系，实现不同省份之间的相互开放，拓展发展路径与窗口。1996 年，福建省国民经济与社会发展"九五"计划明确指出树立"以厦门经济特区为龙头，加快闽东南开放与开发，内地山区迅速崛起，山海协作，联动发展的战略"，使得具有福建特色的对外开放格局进一步完善。2015 年 8 月，国务院正式批复同意设立福州新区，旨在实现在更高起点、更广范围、更宽领域推进海峡两岸交流合作，全面融入"一带一路"战略。同时，自 1992 年以来，福建省连续批准设立了台商投资区、保税区等。自此，福建省形成了包括经济特区、沿海开放城市、沿海经济开放区、国家级新区、台上投资区、保税区在内的多层次、有重点、纵深化的全面开放格局。

四、树立世界眼光，逐步放开产业领域

在对外开放的领域上，福建省最初是从一些对国计民生影响较小的经济部门开始探索，在掌握一定经验后，引导外资进入其他领域参与福建省的经济建设。20 世纪 90 年代，在珠江三角洲产业转移的大背景下，福建省劳动密集型企业逐步转出，资金密集型、技术密集型企业相继转入。相应地，福建省积极地推动外商投资由侧重劳动密集型企业向资金密集型、技术密集型企业转变，由侧重生产制造业向包括服务业在内的其他产业转变，尤其在金融领域取得重大突破。通过设立地方从事信托投资为主的国际金融业务机构首次实现地方企业向国际金融市场融资，首家中外合资银行的成立标志着对外开放领域延伸至金融、贸易、交通运输等领域。进入 21 世纪，为兑现入世诺言，我国对外开放领域扩展至银行、保险、证券等领域并且得到外商投资者的青睐。不仅如此，福建省积极推进教育文化的对外开放。2016 年年初，福建省发布《福建省教育对外开放"十三五"发展规划》，旨在依托福建省内高校，成立"新海上丝绸之路大学联盟"，实现海上丝绸之路国家和地区高等教育国际合作交流，推进校际间的人才沟通、科研交流，服务"一带一路"大战略。

五、与时俱进，创新经济发展模式

在对外开放初期，由于存在经济、技术基础薄弱和资金短缺的问题，福建省借血缘、亲缘、地缘优势，采用"三来一补"（来料加工、来样加工、来件装配和补偿贸易）的贸易形式，由外商提供设备、原材料、来样，并负责全部产品的外销，而仅由中国企业提供土地、劳动力、厂房。随着对外开放的深入，"三来一补"的贸易模式不能适应企业利益结构的变化而最终被淘汰。中国加入 WTO 后，中外合资经营企业、中外合作经营企业以及外商独资经营企业的"三资企业"如雨后春笋出现在中国市场，由其所创造的进出口贸易额在福建经济中占了相当大的比重。随之而来，一些新兴投资模式如 BOT 投资、项目融资、跨国投资与并购成为福建省对外开放、发展经济的新途径。福建省的引资战略也根据世界市场的变化而变化。对外开放的初期贯彻"大中小项目一起上，侨港台外都欢迎"的方针政策，形成了独特的引资格局。20世纪 90 年代中期，采取"巩固东南亚，加强港澳台，拓展欧美日"的引资方针以应对东南亚金融危机，通过加强与发达国家大财团、高科技企业的合作，着力提高国际分工与竞争水平。目前福建省则采取了更全方位、更高层次的引资策略：突出对台、深化港澳、加强东南亚、拓展欧美日，实现了资金来源多途径，激发了经济发展活力。①

第五节　上海自贸区的主要做法②

上海自贸试验区属于自由贸易园区范畴，属于国际上的小自由贸易

① 林珊，龚伟平. 福建对外开放30年历程探索［J］. 福建商业高等专科学校学报，2008（6）：52 - 55.
② 专刊：中国（上海）自由贸易试验区［EB/OL］. http：//wenku. baidu. com/link? url = qR9B2h - PV0EXIYBBb1G. html，2013 - 09 - 03.

区（FTZ），它与国内的 100 多家海关特殊监管区的性质相同。自由贸易园区是指一国或地区对外经济活动中对货物监管、外汇管理、企业设立等实施特殊政策的特定区域。国际上所说的自由贸易园区的依据是东道国经济政策。其主要的特点或特征为境内关外、便利通达和海关特殊监管，目的是促进投资、扩大进出口贸易和参与国际竞争。这里说的中国（上海）自由贸易试验区［China（Shanghai）Pilot Free Trade Zone］，是我国政府设立在上海的区域性自由贸易园区，属中国自由贸易区范畴。试验区总面积为 28.78 平方公里，相当于上海市面积的 1/226，范围涵盖上海市外高桥保税区（核心）、外高桥保税物流园区、洋山保税港区和上海浦东机场综合保税区 4 个海关特殊监管区域。上海自由贸易试验区的构建，对我国在适应和应对国际贸易的新规则、促进中国经济转型升级、创新制度建设、促进开放向纵深发展以及金融改革方面具有重要的战略意义。

上海自贸试验区成立以来在四个方面取得了显著成效：以负面清单管理为核心的外商投资管理制度基本建立；以贸易便利化为重点的贸易监管制度有效运行；以资本项目可兑换和金融服务业开放为目标的金融制度创新有序推进；以政府职能转变为核心的事中事后监管制度初步形成。

一、以负面清单管理为核心的投资管理制度基本建立

修订出台 2014 版负面清单，将外商投资准入特别管理措施由 2013 版的 190 条减少到 139 条。深化商事登记制度改革。全年区内新增注册企业 11440 户。其中，内资企业 9383 户，注册资本 3329 亿元；外商投资企业 2057 户，合同外资 118 亿美元。集聚总部经济企业 258 家，其中亚太营运商 22 家。年内全面实施第一批服务业六大领域 23 项开放措施。负面清单管理模式借鉴国际通行准则，研究制订试验区外商投资与国民待遇等不符的负面清单，是实行更加积极主动开放战略的重要探索，也是试验区试行投资准入前国民待遇的关键举措，具体有：一是制

定和完善负面清单。负面清单的主要依据是国家外商投资的法律法规、试验区总体方案、外商投资产业指导目录、国务院制定或批准的文件。在 2013 版负面清单的基础上修订出台 2014 版负面清单，将外商投资准入特别管理措施由 190 条减少到 139 条，调整率达 26.8%，进一步发挥市场资源配置功能，提高了开放度和透明度，提升了投资便利化水平，进一步衔接了国际通行规则，为中美 BIT 谈判提供参考，得到国内外各方的积极评价。二是实施外商投资备案管理和境外投资备案管理制度。2015 年 1 ~ 8 月，上海自贸区新设外商投资企业 1959 家，吸收合同外资超过 300 亿美元，全市近半数新增外商投资企业落户自贸试验区；累计办结境外投资项目 596 个，中方投资额达 172 亿美元。[①] 负面清单以外领域的外商投资项目核准制和企业合同章程审批制全部改为备案制。同时，建立以备案制为主的境外投资管理方式，试验区管委会可在 5 个工作日内办结备案手续。三是深化商事登记制度改革。工商部门实施注册资本认缴制等改革，区内新设公司注册资本的申报出资、认缴年限等未出现异常情况。实施了企业准入"单一窗口"制度，企业准入由"多个部门多头受理"改为"一个部门、一个窗口集中受理"。质监部门推出了组织机构代码实时赋码。税务部门推出 10 项"办税一网通"创新措施，实现税务登记号码网上自动赋码。四是落实服务业扩大开放措施。主要集中在金融服务领域、航运服务领域、商贸服务领域、专业服务领域、文化服务领域、社会服务领域。总体方案确定的服务业 23 项开放措施全面实施，并且建立了相应的监管制度和监管措施，目前已有 283 个项目落地。截至 2015 年 8 月底，服务业扩大开放项目落户达 1037 个。今年国务院又批准了新一轮 31 项扩大开放措施。随着自贸区服务业的进一步开放，浦东吸纳了一大批高端服务业的创新型项目。服务业扩大开放已成为提升上海开放型经济水平的重要推动力。

---

① 王优玲，季明. 上海自贸区在四方面取得显著成效 [N]. 新华每日电讯，2015 – 10 – 09.

二、贸易监管制度高效运行，并且着重贸易便利化

海关、海事以及检验检疫等多个部门，共提出了 60 多个创新的方案。使得进口通关时间缩短了 41.3%，出口时间缩短了 36.8%，真正达到了"一线大胆开放，二线高效管住"的目的。具体措施有：一是对监管制度进行创新。而相应的监管试点是，申报一次性完成、查验一次性完成、放行一次性完成、通关单无纸化一线出境、二线入区环节得以实行。与此同时，海关推出 23 项监管服务创新举措，包括"先进区、后报关""批次进出、集中申报"等。检验检疫推出 23 项改革措施，包括"通关无纸化""第三方检验结果采信"等。海事推出了 15 项新制度，包括船舶安全作业监管、高效率船舶登记流程等。二是改变国际贸易单一窗口的情况。2014 年 6 月 18 日，建设口岸监管的部分功能已经开始运行，根据国际惯例和规则，一些跨部门的交叉性管理平台和服务平台得以建立。三是对货物的分类管理制度进行摸索与探究。如今，海关已经研究出了进行监管的具体方案以及相应的操作要求，并且选中了部分企业，把它们作为试点。为了让通关速度有所提高，让监管的风险得以降低和控制，对很多货物进行了分类监管，比如对保税的，非保税的，口岸的货物等。

三、金融创新制度有序推进

一是金融创新措施不断推出。"一行三会"积极推动资本项目可兑换、人民币跨境使用、利率市场化和外汇管理改革等方面的先行先试。人民银行出台了分账核算、外汇管理等 7 个细则文件。银监会出台了简化准入、风险评估等 4 个实施细则。证监会、保监会也出台了相关操作办法，进一步推进了金融服务业的开放。二是金融服务功能不断增强。87 家有金融牌照的机构和一批金融服务企业已入驻区内，启动实施了一批服务实体经济和投资贸易便利化的金融创新业务。同时，面向国际

的金融市场平台建设正在有序推进，上海国际能源交易中心、国际黄金交易中心已批准成立。三是建立完善金融监管和防范风险的机制。"一行三会"驻沪机构和上海市政府建立监管协调机制和跨境资金流动监测机制，银行上海总部和试验区管委会建立"反洗钱、反恐融资、反逃税"监管机制。同时，进一步完善金融宏观审慎管理措施和切实加强机构风险管理自我责任。

四、初步形成以政府职能转变为核心的事中事后监管制度

一是建立健全安全审查制度。要将重心放在协助国家有关部门的安全审查机制，尤其是在外资企业准入阶段。二是建立健全反垄断审查制度。要将重心放在参与反垄断审查的制度安排工作中，经营者集中、垄断协议和滥用市场支配地位等方面要尤为加强监管。目前，自贸试验区反垄断审查联席会议制度已初步形成，其中包括已经制定并发布的自贸试验区三个领域的反垄断工作办法。三是建立健全社会信用体系。上海市公共信用信息服务平台已正式启动。此举积极促进了自贸试验区的平台建设，并加强了信用信息、信用产品等相关系列制度的形成和发展。目前，自贸试验区平台中的归集查询、异议处理、数据目录管理等功能的开发工作已经初步完成，同时，事前诚信承诺、事中评估分类以及事后联动奖惩的信用管理模式也已初具雏形。四是建立健全企业年度报告公示和经营异常名录制度。企业将年度检查制度改为年度报告公示制度，并通过信用信息公示系统将年度报告送至工商部门，其中，特定企业还应提交由会计师事务所检查核实后的年度审计报告。五是建立健全信息共享和综合执法制度。将信息共享方面的重点放在建立试验区信息共享和服务平台上。六是建立健全社会力量参与市场监督制度。将重点放在通过加强引导作用、购买服务以及制定标准等制度上的转变，大力支持行业协会以及专业服务类机构参与到市场监督当中。

第六节　启示和借鉴

通过以上分析，可以得出以下启示与借鉴：

（1）解放思想、转变观念是扩大对外开放促进经济增长的前提。沿海发达地区对外开放和经济增长之所以取得重大发展，一个重要的前提就是与时俱进的观念，这种开放性和包容性的观念影响了一个地区对世界的接纳程度，特别是冲破计划经济体制的桎梏，发展真正意义上的开放型经济，这点值得我们今后学习和借鉴。

（2）对内体制改革是扩大对外开放促进经济增长的基础。改革和开放是经济发展的两个轮子，二者相辅相成，缺一不可。体制问题是影响对外开放效应的主要因素，体制上的障碍若是改革不彻底，对外开放的经济增长效益势必大打折扣。

（3）加速产业结构升级是扩大对外开放促进经济增长的重点。产业结构和贸易结构相互影响，相互促进。产业结构应随着贸易结构的变化而改变，东北地区应着重利用外贸和外资来促进产业结构的升级，这也是提高东北对外开放效应的重中之重。

（4）参与国际区域合作是扩大对外开放促进经济增的有效载体。经济全球化和区域一体化要求一个国家或地区积极参与国际分工，发挥比较优势。东北地区地处东北亚区域的中心位置，具有独特的地缘优势，参与其合作将扩大外部市场容量，增加贸易效应。

（5）创建自贸区是扩大对外开放促进经济增长的重要举措。从广东深圳的特区，以及上海自贸区的建设的经验来看，自贸区试验区是成功的，对我国对外开放的创新提供了示范，值得借鉴。

第八章

东北地区对外开放
面临的机遇与挑战

第一节　扎实推进"一带一路"建设对
东北地区的新定位

一、"一带一路"战略提出的新任务

2013 年 9 月，习近平总书记在出席中亚五国峰会时首次提出了建设丝绸之路经济带，同年 10 月，在东亚峰会上总书记又提出了建设 21 世纪海上丝绸之路的战略构想，两者简称为"一带一路"。"一带一路"战略的提出是新形势下构建我国全方位开放新格局的必然要求，也是目前我国最高的国家级顶层战略。建设"一带一路"是我国现阶段主动适应全球经济变化、统筹国内国外两个市场做出的重大决策，也是推动亚欧国家共同发展、打破美国及其为主导的"两洋战略"（TPP 和 TIPP）对中国经济限制的必要途径。对推进我国新一轮高水平对外开放意义重大。

"一带"是指丝绸之路经济带。是在中国古代丝绸之路概念上提出

的一个新的经济发展区域，从地域和范围上看，丝绸之路经济带横贯东中西，既涵盖了充满活动力的东部亚太经济圈，又连接了资源丰富的中亚地区，同时也连通了发达的西部欧洲经济体，被认为是迄今为止"世界上最长、最具有发展潜力的经济大走廊"。21 世纪初，随着中国经济的崛起以及在全球经济复苏中所起的引擎作用不断加大，欧亚各国与中国扩大合作的意愿也越来越强烈，经贸活动在古丝绸之路上再度兴起，各国间合作领域也不断扩展。在此背景下，中国政府高瞻远瞩，丝绸之路经济带战略构想应运而生。该战略主要是以综合交通廊道建设来拓展合作空间，对丝绸之路经济带沿线国家和地区的贸易和生产要素进行优化配置，通过推进投资贸易便利化、扩大经济技术合作领域、共同构建自贸区等方式，促进整个区域经济和社会同步发展。

"一路"是 21 世纪海上丝绸之路的简称。是对我国古代海上丝绸之路的进一步拓展和延伸，并在其基础上设计规划的我国新时期对外经贸往来的海上大通道。从地域和路线上看，海上丝绸之路东起我国东南沿海，过南海到印度洋，抵达东非和欧洲。通过将我国和沿线国家临海港口城市串联起来，加强各国之间的海上互连互通、港口城市合作及海洋经济合作等，最终形成海上"丝绸之路经济带"。21 世纪海上丝绸之路战略的提出和建设，不仅能加强我国与东盟各国的合作，推动我国与东盟之间命运共同体的构建，而且能够辐射南亚和中东，推动整个沿线国家和地区的经济一体化进程。

二、东北地区对外开放的新定位

（一）我国向北开放的重要窗口

2015 年 3 月，国家有关部门联合发布了《推动共建丝绸之路经济带和 21 世纪海上丝绸之路的愿景与行动》（以下简称《愿景与行动》）。明确了各省在"一带一路"中的地位和对外合作的重点方向。主要有：新疆定位为"丝绸之路经济带核心区"；福建定位为"21 世纪海上丝绸之路核心区"；广西定位为"21世纪海上丝绸之路与丝绸之路经济带有机结合的重要门户"；云南定位为面向南亚、东南亚的辐射中心；沿海诸市定位为"一带一路"特别是"21世纪海上丝绸之路建设的排头兵和主力军"；陕西、甘肃、宁夏、青海地区定位为面向中亚、南亚、西亚国家的通道、商贸物流枢纽、重要产业和人文交流基地等。同时，《愿景与行动》依据地理位置等相关因素，对东北三省及内蒙古、北京等地做了明确定位，即我国向北开放的重要窗口。并强调完善黑龙江对俄铁路通道和区域铁路网，以及东北三省与俄远东地区陆海联运合作。作为我国向北开放的重要窗口，东北三省正积极展开行动，努力寻求对接"一带一路"战略的突破口。2015年，在三省的《政府工作报告》中分别对参与"一带一路"建设提出了规划，并依据三省不同的区位特点，确定了各自的工作重点和主攻方向：辽宁主要是加快"辽满欧""辽蒙欧"等综合交通运输大通道建设；吉林主要是深入实施长吉图开发开放先导区战略；黑龙江主要是加大铁路、公路、口岸等互连互通及电子口岸建设力度，推动跨境通关、港口和运输便利化，加强对俄全方位交流合作。

（二）推进中蒙俄经济走廊建设的主力军

在对各省和地区在"一带一路"建设中做出明确定位的同时，国家2015年颁布的《愿景与行动》对加快推进中蒙俄经济走廊建设也做出了明确规划，并将其纳入"一带一路"建设。加快推进中蒙俄经济走廊将有力推动东北亚地区的经济合作，是我国丝绸之路经济带与俄罗斯和蒙古国经济发展战略的对接，同时，也为我国实施的东北振兴国家战略与俄罗斯"跨欧亚发展带"和蒙古国"草原之路"实现对接创造了条件，东北三省责无旁贷地担负起了主力军的任务。一是俄罗斯"跨欧亚发展带"与东北振兴。长期以来，西伯利亚和远东地区的开发一直是俄罗斯经济发展的重点任务之一，"跨欧亚发展带"战略，主要是指俄罗斯西伯利亚和远东地区通过其在石油和天然气方面的相关优势，吸引欧洲和亚洲国家及地区的资金和技术，形成一系列高新技术产业集群，建成横跨欧亚两大洲的交通、能源、电信一体化发展带，最大限度地开发西伯利亚和远东。该战略自提出以来，备受国内外高度关注。与之不谋而合的是，我国政府一直都把加强东北地区与俄罗斯远东地区的合作开发作为我国对外开放的重中之重。2009 年，两国签署了《中国东北地区与俄罗斯东西伯利亚和远东地区合作规划纲要》。2014 年，国家发布的《国务院关于近期支持东北振兴若干重大政策举措的意见》进一步强调加强东北振兴与俄远东开发的衔接。2015 年 5 月，两国元首正式签署《中俄联合声明》，要求尽快建立两地地方合作理事会，加强规划统筹，全面推动中国东北地区与俄罗斯远东及东西伯利亚地区的地方合作。加快推进中蒙俄经济走廊建设，实现俄罗斯"跨欧亚发展带"与中国振兴东北战略的对接和协同推进，对东北地区乃至全国的对外开放及经济发展意义重大。二是蒙古国"草原之路"与东北振兴。蒙古国的"草原之路"计划，主要是指充分发挥蒙古国欧亚桥梁的地理优势，通过运输贸易发展经济。中蒙互为邻国，两国间贸易往来密切，1999 年中国成为蒙古国的第一大贸易伙伴，2013 年两国贸易额达 60 亿美元，占蒙古国对外贸易总额的一半以上。2014 年，两国关系进一步提升为全面战略伙伴关系，双方签署的《中蒙关于建立和发展全面战略伙伴关系的联合声明》为两国间的进一步扩大合作奠定了基础。中国东北地区紧邻蒙古，蒙古国的"草原之路"也是连接东北地区与西方欧洲国家和地区的"必经之路"，加快与蒙古国"草原之路"的对接，将进一步打通东北地区对外开放的通道，加强与蒙古国在石油、天然气等能源方面的合作，将有利于解决东北地区能源束缚及储备问题，对早日实现东北新一轮振兴具有重大战略意义。

三、东北地区对外开放和经济增长的新机遇

作为我国向北开放的重要窗口，东北地区在我国"一带一路"建设中占有十分重要的战略地位，主动融入、积极参与"一带一路"建

设，协同推进与沿线国家战略互信，经贸合作、人文交流，加强与周边国家基础设施互连互通，将对东北地区进一步扩大对外开放、促进经济发展起到重要的推动作用。

（一）"一带一路"为东北地区的对外开放提供更广阔的空间

从地域上看，"一带一路"横跨欧亚非三大洲，囊括了五条沿线上的几十个国家，为东北地区进一步加强国际合作提供了巨大的市场及空间；同时，东北地区紧邻俄罗斯和蒙古国，具有独特的地缘优势，是中蒙俄经济走廊建设的主力军。参与"一带一路"建设，不仅能扩大东北地区与东北亚国家的区域经济合作，同时也为进一步扩大与欧洲及非洲部分国家的经贸合作提供了便利，有利于扩大东北地区的进出口贸易额、外资的引进和利用以及"走出去"扩大对外投资合作，进而提高东北地区的对外开放程度和水平。

（二）"一带一路"有利于东北地区经济转型升级

新常态下，东北地区经济发展已进入"平台"期，产业结构失衡、体制机制束缚、产能过剩等问题十分突出，东北地区的经济转型升级迫在眉睫。"一带一路"战略的提出和实施，为东北老工业基地经济转型升级、实现新一轮振兴带来了重要机遇。一方面，融入"一带一路"，扩大与世界经济的合作与市场竞争，会给东北地区带来最先进的发展理念，进而推动体制机制的不断完善和改革创新；另一方面，"一带一路"战略将有望实现"欧洲经济圈"与"东亚经济圈"的东西贯通，在全球范围形成具有巨大影响力的经济发展轴，为东北地区解决产能过剩，实现产业转型升级提供了前所未有的机遇。东北地区现有的能源、原材料和大型装备制造等产业可借助"一带一路"沿线国家及地区的基础设施建设历史机遇，调整产品结构、创新产业技术，促进产业转型升级。

第二节　自贸区试点对东北地区
对外开放的新启迪

一、四大自贸区提供的新经验

　　自由贸易区建设是我国现阶段对外开放战略的最新发展，是新形势下，我国为了适应国际贸易和投资新规所做的有效尝试。自 2013 年上海自贸区挂牌运行以来，我国已经形成了包括上海在内的天津、福建、广东四大自贸区体系。截至目前，各自贸区改革试验任务相继落地，重点领域、关键环节的改革势如破竹。上海自贸区率先实施负面清单投资管理制度，并在其他地区迅速推广；福建创新实施"一表申报、一口受理、一照一码"制度；广东自贸区建成全国首个市场采购出口检管区、粤港澳青年创业基地等创新成果有望向全省复制推广；天津自贸区的"双创特区"在加强科研服务平台建设等方面提出了十项具体措施，受到了广泛关注。同时，各大自贸区新政新规的出台和实施，明显加快了各地经济的增长。以上海为例，自 2013 年以来，上海自贸区两年创造的生产总值占上海浦东地区的 3/4，新设企业共 3.3 万家，占浦东地区 25 年新设企业总数的 1/5。其中，2015 年共办结境外投资项目 636 个，实际投资额约占全国的 7%①；2014 年上海自贸区经营总收入达 1.6 万亿元，比上年增长 11%，商品销售额达 1.38 万亿元，比上年增长 11.5%，新增注册企业数达 1.144 万家，是 2013 年的 1.6 倍②。

二、四大自贸区的新做法

　　四大自贸区的建设各有所长、各具深意。不同的地理位置和经济基

---

①　曹继军，颜维琦. 上海改革只有进行时［N］. 光明日报，2016 – 2 – 29.
②　资料来源：《2014 年上海市国民经济和社会发展统计公报》。

础，形成了四大自贸区不同的功能定位和主攻方向。其中，上海自贸区将全面对接国家战略；福建自贸区最为迫切的任务是促进两岸经贸活动的自由化和便利化；天津自贸区无疑是着眼京津冀的协同发展；广东自贸区将更加突出同香港、澳门的合作①。具体有：

（一）上海自贸区：全面对接国家战略

作为我国的金融中心和经济发展的龙头，上海把对接"一带一路"和长江经济带国家战略作为自贸区改革的主要任务。主要措施有：依托亚太电子口岸建设，推动长江流域和沿海区域对外开放口岸的联动发展；率先建立与国际通行规则相衔接、符合中国实际的制度创新体系，以扩大开放倒逼深层次改革；把"走出去"和"请进来"相结合，建设开放度最高的自由贸易园区；利用国内外资本、人才、技术等要素集聚优势，主动向"一带一路"和长江经济带辐射。

（二）广东自贸区：推动内地与港澳经济深度合作

广东自贸区的战略定位是，依托港澳、服务内地、面向世界，将自贸区建设成为粤港澳深度合作示范区、21世纪海上丝绸之路重要枢纽和全国新一轮改革开放先行地。广东地区毗邻港澳，区位优势明显，加强粤港澳地区的合作主要有三方面重点：一是探索对港澳的深度开放；二是强化粤港澳国际金融贸易和航运功能的作用；三是深入推进粤港澳服务贸易自由化，促进以服务有关的要素能够在自由贸易区流动。

（三）天津自贸区：加快实施京津冀协同发展战略

天津自贸区的战略定位是，以制度创新为核心任务，以可复制可推动为基本要求，努力成为京津冀协同发展高水平对外开放平台、全面改

革开放先行区和制度创新实验田、面向世界的高水平自由贸易园区。天津自贸区虽腹地广阔，但是一体化程度不高，与东南沿海等发达地区相比，经济发展程度也稍逊一筹。因此，如何通过自贸区的开发开放来促进京津冀地区的协同发展，打造区域协同发展高水平对外开放平台，成为天津自贸区的试验重点。

（四）福建自贸区：深化两岸经济合作

在福建自贸区的战略定位中，把充分发挥对台优势，加快推进与台湾地区投资贸易自由化进程，建设两岸经济合作示范区作为改革的重点。福建省与台湾隔海相望，早在 2011 年，国务院就已批准建设旨在加强两岸经济合作的海峡西岸经济区。4 年来，海西经济区的发展逐步推进，与台湾地区经贸往来频繁，为福建自贸区的启动奠定了良好的基础。

三、东北地区对外开放面临的新机遇

新形势下，我国将进一步加大自贸区战略的实施力度，以应对世界经济发展的新规则和新秩序。国家继续扩大自贸区试点建设的政策，为我国各省和地区的区域经济发展和开放带来了重大利好。据了解，我国多个省市和地区正在整合资源、积极申报自由贸易区试点。同样，该政策的实施也为构建东北地区面向东北亚合作的自由贸易区带来了机遇。

（1）从国家的战略布局来看。一方面，现有的四大自贸区有各自不同的区位选择和功能定位，分别对接了京津冀、港澳台、长江经济带及"一带一路"等不同地区的经济发展。而东北亚地区，作为世界重要经济体和我国对外开放的重要载体，与我国的经济发展具有很强的互补性，对我国进一步扩大对外开放促进经济增长起到至关重要的作用，特别是随着中韩自贸区贸易协定的签署，尽快在我国境内合适地区设立自贸区对接东北亚地区，是一项战略意义重大而又十分紧迫的任务。另一方面，东北地区是我国重要的老工业基地，也是全国经济的重要增长极，在国家发展全局中举足轻重，在东北地区建立自由贸易区是构建我国全面开放的新格局的重要举措，对提高我国对外开放的总体水平意义重大。

（2）从东北地区的区位条件来看。东北地区地理位置优越，与东北亚国家经贸往来密切，是我国对接东北亚地区设立自贸区的首选地。一方面，东北地区地处东北亚的核心位置，是全国范围内距离东北亚最近的区域，东北三省紧邻蒙古，接壤朝俄，水路交通发达直通日韩，具有无可比拟的地缘和交通优势。另一方面，东北地区与东北亚各国经贸往来密切，为进一步设立自贸区奠定了一定的合作基础。自 1991 年联合国开发计划署把图们江地区列为重点支持项目以来，特别是 1995 年中俄朝韩蒙五国《关于建立图们江经济开发区及东北亚开发协商委员会的协定》签署之后，东北地区与东北亚各国及地区间的次区域合作逐步展开，地区间的经贸往来密切；合作范围也逐步扩大到能源、环境、信息技术等诸多领域；东北地区的大连、珲春等城市也与北九州、束草等地建立了友好城市关系，初步形成了地方政府间的对话与协商机制，这些都为创建东北地区面向东北亚开放合作的自由贸易区创造了条件。

第三节　扩大国际产能和装备制造合作对东北地区的新要求

一、扩大国际产能和装备制造合作的背景

（1）从国际环境来看，随着世界经济的深度调整，全球产业结构调整加速，特别是发展中国家推进工业化、城镇化进程，大力加快基础设施建设等，增强了与中国开展国际产能和装备制造合作的需求。

（2）从国内经济发展来看，一方面，我国近年来装备制造业持续快速发展，产业规模、技术水平和国际竞争力大幅提升，具备参与国际产能和装备制造合作的实力和基础；另一方面，随着我国经济进入新常态，产能过剩问题一直困扰着我国产业结构转型升级及经济运行。积极推进"一带一路"，鼓励企业"走出去"寻求海外市场，扩大国际产能和装备制造合作，是解决当下产能过剩问题，促进装备制造业转型升级的重要途径之一。

二、对东北振兴的战略意义

2015 年 5 月，国务院发布《关于推进国际产能和装备制造合作的指导意见》（以下简称《意见》），明确指出我国扩大国际产能和装备制造合作将对钢铁、有色、建材、铁路、电力、化工、轻纺、汽车、通信、工程机械、航空航天、船舶和海洋工程等重点行业进行分类实施，有序推进。《意见》的颁布对东北地区进一步参与国际分工，转移、消化装备制造业产能指明了方向，对实现东北老工业基地的新一轮振兴意义重大。

（1）有利于东北地区装备制造业的发展。装备制造业是东北地区的主导产业之一，在全国具有举足轻重的地位。新常态下，东北老工业基地经济增长乏力，装备制造业产能过剩，技术创新能力不足等问题也进一步显现。扩大国际产能和装备制造合作为东北地区装备制造业过剩产能的化解以及结构的升级带来了机遇。首先，从短期来看，加快推进装备制造业国际合作，可以把东北地区过剩的装备制造业产能转移到欠发达国家和地区的基础设施建设当中，形成新的经济增长点，从而破解东北地区经济增长困局、化解产能过剩危机；其次，从长期来看，加快推进装备制造业国际合作，可以积极承接发达地区先进的技术、人才及管理经验，增强东北地区装备制造业企业核心竞争力和国际竞争新优势，从而进一步促进其结构调整和产业升级。

（2）有利于推动东北地区新一轮高水平对外开放。随着我国的对外开放进入新阶段，东北地区提高对外开放水平的步伐亟待加快。积极推动铁路、电力等国际产能合作和装备制造合作，不仅有利于东北地区加快融入"一带一路"、充分利用国内国外两个市场；同时，还有利于增强东北地区相关产业的国际竞争力，提升开放型经济的发展水平。

三、对东北地区的新要求

（1）充分发挥装备制造国际合作优势。装备制造业在我国东北地区起步较早，曾为新中国的建设做出巨大贡献。经过多年的发展，东北地区装备制造业体系不断健全、技术水平逐步提高，开展国际产能合作的能力不断增强。以辽宁省为例，辽宁素有"共和国装备部"的美誉，2014 年辽宁省装备制造业规模以上企业共有 5558 家，从业人员 120 余万人，主营业务收入突破 1.6 万亿元。其中，矿山、机械设备、冶金设备、海洋工程等处于全国领先水平，工业机器人、数控机床、特高压输变电装备等已与世界先进水平接轨。同时，辽宁省在推进国际产能和装备制造合作上取得了积极的进展，处于国内领先地位。截至 2014 年年底，辽宁装备制造业对外投资项目 41 个，投资增长 7.1%，装备制造业产品出口额达 118 亿美元，占辽宁省外贸出口总额的 1/5，对外工程承包新签合同额 28 亿美元，完成 26 亿美元，增长 11.2%。

（2）进一步提升企业"走出去"能力和水平。扩大国际产能和装备制造合作为我国企业"走出去"扩大国际合作带来了机遇，同时，也对企业"走出去"的能力和水平提出了更高的要求。充分发挥装备制造国际合作优势，进一步提升东北地区企业"走出去"能力和水平，是东北地区地方政府及相关部门当下一项重要而紧迫的任务，主要有以下几方面：一是加强组织领导和顶层设计，尽快出台各省的实施方案，明确要求和总体目标；二是通过加强责任制、建立重点项目库等途径，大力推进走出去项目建设，实现产能转移和产业输出；三是积极培育境外园区基地，促进产业集群式发展；四是通过建立产业投资基金，搭建银政企协调机制等办法全面完善金融服务，破解融资"瓶颈"；五是通过组建企业联盟、"走出去"综合公共服务平台等方式提供全面优质的政府公共服务。

第九章

扩大东北地区对外开放促进经济增长的对策与建议

第一节　打造东北地区对外开放新格局

一、创建东北地区自由贸易试验区

（1）进一步扩大大连保税区优势。大连保税区地处大连新市区中心，于 1992 年 5 月经中华人民共和国国务院批准设立，目前已经发展成东北地区开放程度最高、政策最优惠的特殊功能区域之一。大连保税区现有行政管辖面积 160 平方公里，由保税区、大窑湾保税港区、大连保税港区二十里堡产业区、出口加工区 A 区和专业化港区五部分组成，是全国行政管辖面积最大的保税区，也是全国唯一的集保税区、保税港区、出口加工区管理于一身的特殊监管区。集聚了港口物流、自由区政策、集疏运体系等国际航运中心核心发展要素，已成为我国东北地区与世界经济高度接轨的重要枢纽。大连是东北地区最早试行对外开放的城市，在 30 多年的开放历程中，取得了辉煌的成绩，并积淀了丰富经验，在整个东北地区的开放中具有明显的优势。大连地处黄渤海交界处，港

口优势明显，2014 年，大连港完成货物吞吐量达到 3.51 亿吨，集装箱吞吐量达到 1001 万标准箱，跻身中国港口货物量排行前十名。另外，长期以来大连地区的进出口贸易额、实际使用 FDI 额、对外开放度、GDP 等经济指标在辽宁乃至整个东北地区一直处于领先地位，为大连自由贸易园区的建立打下良好的经济基础。

（2）充分发挥沈阳综合保税区的作用。沈阳综合保税区是地处内陆的虚拟港口，东北内陆地区唯一的综合保税区，于 2011 年 9 月获批。沈阳综合保税区分为 A、B 两个区块，之间相距 81.3 公里。其中，A 区位于沈阳（辽中）近海经济区，地处沈阳西部，与沈阳经济技术区相距 54 公里，毗邻沈阳西部工业走廊，规划总面积 4.1982 平方公里；B 区位于沈阳市浑南区，是在原辽宁沈阳出口加工区基础上建立的，规划总面积 3 平方公里。A、B 两区错位布局、互为补充。沈阳是东北地区的中心城市，在整个东北地区的政治经济发展中，具有不可替代的核心地位，2010 年沈阳经济区获批为国家战略。改革开放以来，沈阳的经济规模及对外开放水平显著提高、对东北三省经济发展所起的辐射作用及交通枢纽作用逐步扩大，在国内外享有较高的知名度。同时，沈阳具有得天独厚的地理优势。对外，沈阳地处东北亚的中心地带，是中国北方连接东北亚的"中心城市"。同时也是丝绸之路经济带中蒙俄经济走廊建设的重要节点；对内，沈阳是东北经济区和环渤海都市圈的重要组成部分，是联系辽宁中部城市群，辐射东北、华北的重要枢纽。这种内外合作的"轴心城市"地位，为沈阳申报自由贸易区创造了条件。

（3）联合申报沈大自由贸易试验区。从现有四大自贸区来看，虽然天津属北方地区，但从区域发展总体战略"四大板块"来看，东北地区尚属空白。新一轮东北地区对外开放应加大支持力度。沈大自贸区主要实行"一区多片"模式，从已申报成功的四个自贸区地区看，大都采取这一模式，即一个自贸区由多个不同地区的分片组成。若只有大连或沈阳其中的一个城市单独申报，辽宁及东北的整体优势将不能得到充分发挥。从各自城市功能的角度出发，沈大两地联手、组团申报建设辽宁自贸区，可以进一步实现两地优势互补，协同发展。大连可实现港口功能优势，沈阳及有关城市发挥腹地辐射、拉动功能优势。

二、打造我国参与东北亚地区合作的中心枢纽

（1）加快东北地区四大国家战略建设。自 2009 年 7 月，国务院批准《辽宁沿海经济带发展规划》以来，东北地区的辽宁沿海经济带、长吉图开发开放先导区、沈阳经济区、哈长城市群先后获批上升为国家战略，东北地区也成为迄今为止全国唯一一个同时拥有四大国家战略的地区。"四大战略"齐聚东北不仅体现了东北老工业基地在国家经济发展中的重要地位和作用，体现了党和政府对东北振兴的高度重视，同时，也为东北地区推进协同发展，打造我国参与东北亚区域合作的中心枢纽创造了有利条件。充分发挥东北地区四大国家战略的区位优势和功能优势，加强沿海沿边地区与腹地的良性互动发展，打造以沈阳经济区为腹地，沿海经济带主攻日韩、长吉图地区主攻朝俄、哈长地区主攻俄蒙的沿海沿边全面开放新格局。一是加快沈阳经济区腹地建设。沈阳经济区是我国主要的装备制造业基地和优化开发区域，也是东北地区重要的工业城市群，由沈阳及其周边的 8 个城市组成。利用沈阳经济区的重要地位和优势，发挥其中心城市群的带动和辐射作用，加快装备制造及其他优势产业的发展，为东北地区的对外开放提供腹地支撑，为沿海沿边与腹地良性互动创造条件。二是加快沿海经济带对日韩的开放。辽宁沿海经济带是东北唯一的沿海区域，长约 1400 公里，宽约 50 公里，涵盖了辽宁省境内六个经济发展较快沿海城市，是东北地区参与东北亚区域合作的前沿阵地。充分利用沿海经济带的沿海优势，发挥大连的产业优势及人才优势，突出金普新区在参与东北亚区域开放合作的战略高地作用，积极承接日韩的产业转移，扩大在电子、汽车及船舶等方面的贸易和投资合作。三是加快长吉图地区对朝俄的开放。长吉图开发开放先导区，地处东北亚区域地理几何中心和新欧亚大陆桥中心，是中国参与图们江区域合作开发的核心地区和重要支撑，也是迄今唯一一个国家批准实施的沿边开发开放区域，包括吉林省长春市、吉林市部分区域。充

分利用长吉图地区沿边地理优势，发挥珲春市对外开放的桥头堡作用，加快图们江航运建设以及与朝鲜和俄罗斯的港口联运合作，扩大地区的对外开放。四是加快哈长地区对俄蒙的开放。哈长城市群处于全国"两横三纵"城市化战略格局京哈京广通道纵轴北端，包括哈尔滨、长春及周边城市和地区，是东北老工业基地振兴发展重要增长极、体制机制创新先行区、绿色生态城市群，也是东北地区对外开放的重要门户。充分利用哈长地区的地理优势，积极参与中蒙俄经济走廊建设，对接俄罗斯的"跨欧亚发展带"和蒙古国的"草原之路"计划。

（2）加快发展大东北城市群。迄今为止，东北地区已形成四大城市群：一是以大连为中心城市的辽宁沿海城市群；二是以沈阳为中心城市的辽宁中部城市群；三是以长春为中心城市的吉林中部城市群；四是以哈尔滨为中心城市的哈长城市群，四大城市群纵贯南北，形成一条连接东北平原和辽东半岛的核心经济带。城市群是区域经济发展的主体，加快大东北城市群的协同发展，不仅能打破地方市场割据，推动东北地区区域经济一体化进程，同时，城市群的协同发展对构建东北地区对外开放的新格局，提升面向东北亚对外开放整体竞争力也起到重要作用，主要措施有：一是加强大东北城市群的整体规划。为避免行政阻隔导致的要素流动不畅，应组建东北地区跨行政区经济协作机构，对公共资源和公共基础设施，进行统一规划、配置和开发建设。二是加强大东北城市群的分工合作。加强东北地区城市群之间、中心城市之间以及中心城市与支撑城市之间的协调与沟通，在城市基础设施、产业结构、生态环境的基础上，从对外开放的视角科学定位各城市功能，加强分工合作，共同发展。三是加快大东北城市群合作机制建设。加快东北地区市场一体化进程，建立机制完善、功能健全的区域市场体系，形成东北地区统一的经济运行和管理机制以及城市群经济整合机制。四是强化产业集聚效应驱动城市群发展。建立东北地区优势产业基地，加快上下游配套产业以及交通运输业的发展，通过产业集聚效应促使东北地区城市之间联系更加紧密，驱动城市群的发展。

（3）推进沿边重点开发开放实验区建设。中国东北地区地处东北亚区域的核心地带，既沿海又沿边，在加快沿海经济带建设，进一步扩大沿海地区开放的同时，加快沿边地区重点城市的开发开放，提升沿边城市的支撑能力，将有利于东北地区扩大与周边国家的区域合作，构建有利的开放新格局。2014 年，国务院正式下发《关于加快沿边地区开发开放的若干意见》，黑龙江省的绥芬河市、吉林省的延吉市和辽宁省的丹东市被列为重点开发开放试验区建设的国家规划中。首先，发挥丹东沿边、沿海、沿江的区位优势和东北东部地区出海通道的作用，提升城市功能，推进丹东市区与东港市一体化，加大对朝日韩联系和合作，建设商品生产、商贸物流和出口加工基地，发展边境旅游。其次，延吉地区要坚持统筹国内开发与对外开放，以开发促开放，以开放促发展，以对外大通道为依托，以开发开放试验区为重点，以长吉图前沿功能为支撑，以开发开放园区为载体，通过建设图们江区域中心城市、东北亚开放枢纽，全力构建我国沿边地区开发开放的战略布局。同时，设立绥芬河重点开发开放试验区，强化绥芬河的对外开放窗口作用，增强对俄的贸易集散地功能，大力发展国际物流业和旅游业，利用境外资源发展加工产业，建设出口加工贸易基地。推动绥芬河、东宁一体化发展，重点发展绥芬河综合保税区、经济开发区，以及东宁经济开发区。

　　（4）建设营口中韩国际合作示范区。随着中韩自贸区协定的成功签署，中韩国际合作示范区的建设被赋予了更为重要的战略意义。东北地区作为中国面向东北亚地区对外开放的主战场，"抢滩"中韩自由示范区建设，将带来巨大红利。中韩经济合作示范区的建设，是东北地区站在国家战略与机遇平台上进一步扩大面向东北亚地区对外开放的重要举措，有利于深化东北在全国对韩开放合作的前沿和窗口地位。营口是我国东北地区重要的港口城市，多年来与韩国的经贸往来密切，2014年，对韩贸易额为 5 亿美元，拥有韩资企业 80 家，总投资额 1.5 亿美元，在与韩国经济合作方面具有明显优势，主要有：一是地缘优势，从地理位置上看，营口港位于中蒙俄经济走廊的出海位置，同时也连接着辽宁沿海经济带和沈阳经济区两大国家战略区。与此同时，营口与韩国海上相通、港口相连，营口—仁川、营口—釜山航线已开通运行十多年，是中韩、俄韩、欧韩贸易往来最经济、最便利的一条通道，是蒙古国、俄罗斯和欧洲国家的人流、物流和资金流的汇聚地。二是港口优势，营口港是拥有东北各港内贸航线最多的口岸，航运业务遍及 50 多个国家和地区的 140 多个港口。2014 年，营口港吞吐量实现 3.4 亿吨、集装箱完成 561 万标准箱，跃居全国沿海港口第 8 位，排名全球港口第 12 位，成为中国沿海发展最快的港口之一。三是政策优势，辽宁省政府高度重视营口中韩合作示范区的建设，已于 2012 年正式批准建立营口港金融创新示范区，并纳入辽宁省重点工作当中。该项工作自启动至今，已取得实质性进展，作为示范区核心项目和平台，营口港的金融资产交易中心已与盛京银行、沿海银行等达成合作意向，已有 22 家金融及类金融企业进驻交易中心，注册资金达 85.1 亿美元，金融要素的集聚效应已初现雏形。由此可见，金融创新示范区的建立，将有力推动营口港口经济的转型升级，完善其资本市场及融资服务体系，为中韩自贸示范区的建设创造有利条件。

三、积极参与"一带一路"建设，打造我国向北开放的重点窗口

（一）辽宁：打通三大通道，推进中蒙俄经济走廊建设

辽宁省西面渤海，东临黄海，是东北三省唯一临海的省份，现有大连港、锦州港、营口港、丹东港、葫芦岛港和盘锦港六大海港，港口优势明显。借助"一带一路"的战略平台，以六大港口为重要节点，积极打造"辽满欧""辽蒙欧""辽海欧"三条综合性交通大通道，推进中蒙俄经济走廊建设。一是打通"辽满欧"通道。"辽满欧"通道有两条，分别依托营口港和大连港，途经满洲里、俄罗斯，到达欧洲。其中"营口线"通道将海运物流干线、哈大铁路、高速公路与普通公路充分联合，开展多式联运；"大连线"通道通过连接烟台港将东北地区与华北地区紧密连接，将途经满洲里、俄罗斯再至欧洲的过境班列纳入发展

重点，建设欧亚海铁联运物流通道。二是打通"辽蒙欧"通道。"辽蒙欧"分为西部、东部两条通道，分别以锦州港和丹东港为起点，通过跨境通道的建设带动周边经济发展，加深各国之间的贸易合作。三是打通"辽海欧"通道。"辽海欧"通道也称北极东北航道，以大连港为起点，至白令海峡向西航行，到达挪威北角附近，再前往欧洲各港口，通过"辽海欧"通道可使远洋航线和行驶里程减少 5000 海里，航程减少约35%，大大降低运输成本。目前，辽宁省正积极推进本省六大港口的基础设施建设，进一步提高港口的吞吐能力。围绕中蒙俄经济走廊这条总路线，辽宁省已与罗马尼亚实现对接，接下来将与俄罗斯、蒙古及中亚国家相继合作。

（二）吉林：借港出海，深入推进长吉图地区开发开放

2009 年 8 月，国务院颁布实施了《中国图们江区域合作开发规划纲要》，长吉图开发开放先导区正式上升为国家战略。充分发挥长吉图先导区的战略优势，借港出海、东联西进、促进海陆丝绸之路相互连接、促进国际物流通道建设是吉林省打造中蒙俄经济走廊陆海联运和面向东北亚开放的核心区，积极融入"一带一路"建设的重要途径。位于吉林省东端的珲春市，是长吉图先导区的"窗口"，也是"一带一路"的东方节点城市。支持珲春窗口加快发展，努力推进腹地、前沿、窗口联动发展和开放，是吉林省扩大对外开放的重要举措。首先，从东向海运上看，借港出海，可以打通东北亚的海上丝绸之路。没有出海口一直是困扰吉林省对外开放及经济增长的一个重要地域因素，图们江流向日本海的最后 15 公里硬是把吉林省变成了内陆省。2013 年 4 月 2 日，俄罗斯酝酿已久的"远东新政"正式进入实施阶段，毗邻东北的扎鲁比诺港被俄罗斯远东发展部确定为首批"超前发展区"，这为吉林省加快推进"借港出海"战略提供了重大历史机遇。珲春港与俄罗斯扎鲁比诺港和朝鲜罗津港等港口构成了海上丝绸之路在东北亚的重要贸易通道。充分发挥珲春的地理优势，大力发展图们江流域的航运建设，积极推动珲春与罗津港等重要港口的

海陆联运建设工程，加快与俄方关于扎鲁比诺港合作的谈判进程，早日实现吉林"借港出海，华丽转身"。其次，从西向陆运上看，吉林邻近俄罗斯，蒙古等国，在打通西向欧洲战略通道，促进中蒙俄经济走廊建设上作用不容忽视。珲春作为西向丝绸之路的初始城市，通过发展珲春—长春—乔巴山—俄罗斯—欧洲这一重要战略通道，将蒙古国、俄罗斯西伯利亚铁路与原有的跨欧亚铁路连接，打通向西的陆上丝绸之路。通过该通道的建设，可将东北亚经济圈与欧洲经济圈有机联系在一起，形成新的亚欧大陆桥，使中蒙俄经济走廊承东启西的战略功能进一步得到发挥。

（三）黑龙江：推进东部陆海丝绸之路经济带的发展

目前，"龙江丝路带"建设已纳入国家"一带一路"战略规划中的"中蒙俄经济走廊"，成为横贯东中西、联结南北方对外经济走廊的重要组成部分。东部陆海丝绸之路经济带，主要是指打造以绥芬河—满洲里—俄罗斯—欧洲铁路和绥芬河—俄远东港口陆海联运为主的战略通道，该通道将对接俄欧亚铁路，从而发挥最大运能。推进"龙江丝路带"建设，要按照先易后难、循序渐进的原则，重点加快启动和推进以下三方面工作：一是加快推进通道和口岸基础设施建设。首先，加快哈（满）俄欧通道、哈（绥）俄日韩陆海联运通道和哈连日韩陆海联运通道建设，加快推进在建铁路项目，完善对俄铁路通道和区域铁路网。其次，加快推进哈尔滨陆港空一体化口岸建设、绥芬河铁路口岸改造、同江铁路口岸开放和黑瞎子岛公路口岸设立工作，完善口岸交通、仓储配送、电子信息等基础设施，积极参与国内外港口建设和经营，扎实推进国际航空港建设。二是加快商贸物流业的发展。要加快开通"哈俄欧"货运班列，组建大型商贸物流集团，建设现代化综合商贸物流产业园，充分发挥商贸物流在建设"龙江丝路带"中的重要纽带作用。三是加快推进物流集散基地建设。加快建设哈尔滨铁路集装箱集散中心，打造成国际物流大平台，发展跨境集装箱运输，吸引国际大企业入驻，使其成为贸易企业的保税和仓储中心和制造企业的大区分拨中心①。

第二节　促进对外贸易创新发展

（1）优化进出口贸易结构。主要有：一是发挥东北地区产业优势，进一步扩大高附加值产品出口。例如，轨道交通装备、汽车及零部件、船舶、数控机床、新能源装备、重大和成套设备等。二是进一步加快农产品深加工，培育有国际影响力的绿色农产品品牌。发挥东北三省农业生产的优势，加大农产品生产的科技投入，建立并完善农产品出口质量体系，对出口的农产品进行严格的监管，进一步加强"完达山""九三"等东北现有的品牌建设，增强国际影响力。三是依托现有产业集聚区和各类开发区，加快外贸转型基地建设。发挥各类开发区、边境经济合作区和出口加工区的作用，有序承接东南沿海地区加工贸易转移，加快建设加工贸易基地，提高加工贸易质量，培育出口名牌。四是鼓励国内短缺的能源资源和原材料等产品的进口，稳定进口规模。

（2）加快发展服务贸易。为适应当前产业经济发展的需要，东北地区应该加快对服务性贸易的发展，进一步扩大服务贸易规模：一是在重点加快发展金融保险、技术、软件、研发等生产性服务业的同时，也要重视中医药、动漫等具有东北地区特色和优势的社会性服务贸易发展。二是鼓励和支持东北地区有实力的企业"走出去"经营具有传统优势的服务项目，重点发展优势品牌，打造一批具有核心竞争力的服务贸易企业。三是大力发展服务外包，提高东北地区的承接能力和水平。充分依托沈阳、长春、大连等国家服务外包试点城市，发挥重点园区在服务外包方面的示范作用，加大政府对服务外包业的支持力度，全面提

---

① 贾辉，蒋国华. 深入贯彻落实国家"一带一路"战略规划加快推进黑龙江陆海丝绸之路经济带建设［N］. 黑龙江日报，2015－4－14.

升东北地区的对外承接能力。

（3）支持发展大宗贸易。东北地区应依托现有资源优势，以能源、原材料、林木、农产品等为重点，支持发展大宗贸易，扩大与周边国家经贸合作规模：一是加大与俄蒙油气合作力度，逐步扩大规模。加快中俄东线天然气管道建设，提高中俄原油管道输送量和运输能力，力争到2020年通过管道和海运进口原油4000万吨，支持与俄蒙边境地区开展油品贸易。二是大力发展煤炭和电力贸易。研究开展对蒙供电业务，在现有基础上逐步扩大俄电贸易规模，到2020年争取达到60亿度。进一步扩大与周边国家的煤炭贸易，争取到2020年达到1亿吨。三是依托新建跨境通道，扩大铁矿石、有色金属矿石以及林木半制成品和制成品进口。

第三节　提高利用外资和对外投资水平

（1）改善投资环境，增强吸引外商直接投资的能力。改善投资环境，东北地区要从软硬环境两方面同时入手。首先，制定和完善相关法律法规，从制度上提供坚实保障。注意提高相关政策法规的透明度，切实保障外商投资者的合法权益，为其提供最优惠的政策、最优良的秩序、最优质的服务。其次，转变政府职能，不断创新服务机制。加强对招商引资项目的协调与服务，做好招商引资项目的落地和实施工作。要在招商的思路、方法、渠道和手段等方面不断创新，以诚信招商，用最人性化的服务吸引外商在东北老工业基地投资。同时，加强东北地区道路、交通、通信等基础设施建设，进一步发挥东北老工业基地的工业基础、人力资源、地缘等方面的优势，争取更多外资落户东北。

（2）引导外资流向，优化外资结构。东北地区在保持和扩大利用外资规模的同时，应通过政策措施引导外资的流向，优化外资结构，提高利用外资的质量和水平。首先，鼓励外商投资钢铁、石油化工、能源、建材、装备工业等东北老工业基地具有优势的重化工业，同时引导外资向高新技术产业、节能环保产业、通信、金融、旅游等新兴服务业发展，逐步实现外资引用的合理化布局，推动东北地区产业结构的迅速调整。其次，重点发挥外商直接投资在国企改革中所起的作用，通过吸引外商资金、新设备、新技术参与国企改造，解决国企治理结构不完善、管理水平不高、技术落后和设备老化等问题。同时，积极利用外资，促进东北地区的体制机制创新。

（3）加强监管，提高利用外资的质量。一是健全外资监管的法律法规。结合国家《外商投资产业指导目录》与东北三省各自的《产业振兴规划》纲要，考虑国家的财税政策、货币政策及贸易政策，建立合理、有效、公平、竞争、绿色的外商直接投资标准与流程，并将该标准与流程上升到法律与法规高度，建立监督、执行、考评、奖罚综合一体的制度平台，从法律与制度两个层面切实做到绿色引资，最终做到经济增长、环境保护等多个方面均衡发展。二是改变"重数量、轻质量"的传统观念，最大限度地提高外商直接投资的使用质量和效果，企业在吸引外资与开展国际合作时，应把重点放在对外商直接投资所带来的先进技术以及管理知识的消化、吸收、创新上，而不是仅仅为了弥补资金缺口。三是国内企业还要防止技术"空洞化"，在充分利用外商投资的技术外溢效应的基础上，还注重自身的技术创新和自主知识产权产品的开发和保护，从根本上提升企业的国际竞争力。

（4）扩大对外投资合作。结合东北地区经济发展情况和产业结构调整，制定对外投资战略规划，鼓励企业"走出去"。一是政府做好相关的服务，完善促进体系。为企业对外直接投资提供信息服务和与国外合作的平台，加大海外投资所需的高素质人才培养，完善相关法律法规；二是注重借助和发挥有国际经验的中介机构的作用，以便更好地融入东道国主流社会；三是东北地区的对外投资合作，可首选周边的东北亚国家。俄罗斯、朝鲜和蒙古等具有丰富的自然资源，广阔的销售市场，相对低廉的劳动力，符合老工业基地企业获取"能源、原材料、矿产资源"的投资战略目标，在与这些国家的合作中可以把资本投资与对外承包工程、劳务合作、产品输出等结合起来。日本、韩国拥有先进的技术和管理经验，通过对外投资，开展与它们的经济合作，有利于获取先进的技术，缓解和规避双边贸易摩擦，提升管理水平，提高企业的国际竞争力。

第四节　构建对外开放经济新体制

一、加快转变地方政府职能

（1）进一步简政放权，理顺政府和市场关系。着力解决政府直接配置资源、管得过多过细以及职能错位、越位、缺位、不到位等问题。依法履行政府职能，加快建立和完善权力清单、责任清单、负面清单管理模式。做到法定职责必须为、法无授权不可为。健全依法决策机制，强化对权力的约束和监督。完善地方政府绩效评价体系和评估机制。建设法治政府、创新政府、廉洁政府、服务型政府。

（2）继续深化行政审批制度改革。大幅减少行政审批事项，凡能取消的一律取消，凡能下放的一律下放，着力简化办事流程，压缩审批时限，提高审批效率，同步强化事中事后监管。对已下放地方的投资项目审批事项，按照"同级审批"原则，依法将用地预审等相关前置审批事项下放地方负责。坚持"多取消、审一次、真备案"的原则，提高改革措施的协调性，做到纵向同步、横向协调。

（3）规范非政府组织发展。进一步加强和规范非政府组织的发展，提高 NGO 的权威性和专业性，扩大其在东北政治经济发展中的影响力。加大中小城市 NGO 发展的政策支持力度，并提高中青年参与人员的比例。进一步整治"红顶中介"，清理和规范事业单位、协会、中介机构等实质性行政权力，推进中介机构与行业主管部门脱钩。扶植资源筹集类非政府组织的发展。

二、加快混合所有制改革步伐

（1）进一步推进国资国企改革。按照不同国有企业功能类别推进改革，以产业转型升级为引领，改组组建国有资本投资、运营公司，扎实推进国有经济布局战略调整，创新发展一批国有企业，重组整合一批国有企业，促进国有资产保值增值。支持人才资本和技术要素贡献占比较高旳转制科研院所、高新技术企业和科技服务型企业通过增资扩股、出资新设等方式开展员工持股试点。研究中央企业与地方协同发展、融合发展的政策，支持共建一批产业园区。加大中央国有资本运营预算对东北地区中央企业的支持力度。

（2）大力支持民营经济发展。进一步放宽民间资本进入的行业和领域，促进民营经济公开公平公正参与市场竞争。支持民营企业通过多种形式参与国有企业改制重组。改善金融服务，疏通金融进入中小企业和小微企业的通道，鼓励民间资本依法合规投资入股金融法人机构，兴办民营银行、民营投资公司、消费金融公司等金融机构，扶持担保和再担保机构发展。壮大一批主业突出、核心竞争力强的民营企业集团和龙头企业，支持建立现代企业制度、推进民营企业公共服务平台建设。

（3）加快"三资"企业发展。一方面，认真落实国家、省市对外商的优惠政策，增加对外资的吸引力。不断完善、修正、充实对外商的土地征用、信贷、产业经营等方面的政策、法规，学习东部沿海发达地区的做法，使东北地区的三资企业在数量上、质量上、效益上再上新台阶。另一方面，强化管理，重点强调服务。建立健全必要的规章制度，在保证审批质量的前提下，简化手续，提高效率。强化各级管理人员的服务意识，对违法乱纪、有意刁难、牟取私利者，要从严惩处，追究法律责任。

三、加快产业结构优化步伐

（1）控制重化工业的规模，减少进口替代产业比例。控制重化工业规模、练好内功，提高水平、深化改革，推进钢铁、有色、化工、建材等行业绿色改造升级，积极稳妥化解过剩产能。推进国防科技工业军民融合式发展，开展军民融合创新示范区建设。研究制定支持产业衰退地区振兴发展的政策措施。

（2）积极培育新产业新生态，促进产业多元化发展。发展壮大高档数控机床、工业机器人及智能装备、燃气轮机、先进发动机、集成电路装备、卫星应用、光电子、生物医药、新材料等一批有基础、有优势、有竞争力的新兴产业。充分发挥特色资源优势，积极支持中等城市做大做强农产品精深加工、现代中药、高性能纤维及高端石墨深加工等特色产业集群。积极推进落实"互联网＋"行动，依托本地实体经济积极发展电子商务、供应链物流、互联网金融等新兴业态，支持跨境电子商务发展。

（3）提升制造业的国际竞争力。提高制造业核心竞争力，再造产业竞争新优势，努力将东北地区打造成为实施"中国制造2025"的先行区。做优做强电力装备、石化和冶金装备、重型矿山和工程机械、先进轨道交通装备、新型农机装备、航空航天装备、海洋工程装备及高技术船舶等先进装备制造业，提升重大技术装备自主化以及核心技术与关键零部件研发制造水平，支持实施一批重点技术装备首台（套）项目，优先支持东北装备制造业走出去，推进东北装备"装备全国"、走向世界。

四、加快完善现代市场体系

（1）加强政府对垄断行业的规制。一是要切实做到政企分开，使垄断行业的政府主管部门真正成为行业的监督者而不是经营者。只有使垄断行业同行政权力相脱离，使其不再成为利益共同体，才能给行业提供一个公平竞争的市场环境。二是取消大部分垄断行业的进入限制，鼓励民间资本进入行业中参与竞争，从而形成多种所有制经济相互竞争和促进、共同发展的新局面。三是对于一些垄断行业的价格标准的确立，不能仅由垄断行业或是政府主管部门制定，应当建立消费者畅通有效的表达机制和监督机制，比如定期召开听证会等，使消费者能有表达自身意愿的合法渠道，对垄断行业起到监督作用。

（2）加大人才培养和智力引进力度。一是制定东北地区吸引和用好人才的相关政策，完善人才激励机制，鼓励高校、科研院所和国有企业强化对科技、管理人才的激励。在沈阳、大连等中心城市建立人才管理改革试验区，率先探索人才发展体制机制改革，面向全球吸引和集聚人才。二是围绕产业升级核心技术需要，大力引进海外高层次工程技术人才，国家"千人计划""万人计划"等高端人才，继续实施老工业基地国外引智和对外交流专项。同时，鼓励高校培养东北振兴紧缺专业人才，鼓励设立高校、职业院校毕业生创新创业基金，引导大学毕业生在本地就业创业。

（3）培育和发展东北区域性资本市场中心。东北地区的金融机构"大而不强"，比较分散。在发展东北区域资本市场过程中，培育和发展区域性资本市场中心的意义重大。一方面，区域性资本市场中心会高度整合分散的资源，并使其有序地流动到竞争优势最强和最具发展潜力的部门和行业，合理优化资本要素的资源配置，从而带动整个东北地区经济的高效运转和快速发展。另一方面，区域性资本市场中心的建立，会对周边地区的资金、技术、劳动力等生产要素产生强大的聚合作用，大量的生产要素会涌入中心，这种极化作用将大大增强区域资本市场的经济及金融实力，形成一个带动区域经济发展的增长极。从金融发展水平及开放程度等条件上看，大连和沈阳两座城市都具备相当的实力，可以作为备选城市，有待相关部门进一步考察论证。

（4）运用多种手段促进技术交易。一是发挥东北地区自身的科技优势，引导大学、科研院所和企业研究中心等技术产出机构开发适应市场需要的先进技术，并不断扩大技术市场的交易量；二是要加强对知识产权的保护，为技术交易创造良好的市场环境；三是通过各种中介组织，有效制造和传播"正的"市场信息，降低"柠檬市场"的影响；四是加强政府部门对技术市场的监管力度，充分发挥政府部门的职能。

参 考 文 献

［1］包红君.东北老工业基地地方政府职能存在的问题及原因剖析［J］.东北振兴，2010（4）：58－59.

［2］包红君.科学发展观与地方政府职能定位——以东北老工业基地地方政府为例［J］.社科纵横，2010（5）：51－55.

［3］包群，许和连，赖明勇.贸易开放度与经济增长：理论及中国的经验研究［J］.世界经济，2003（2）：10－18.

［4］曹继军，颜维琦.上海改革只有进行时［N］.光明日报，2016－02－29.

［5］陈家勤.我国外贸对经济增长贡献与外贸扶持政策调整的基本取向［J］.财贸经济，1999（6）：48－66.

［6］陈江虹.山东省对外开放辉煌30年［J］.中国经贸，2008（10）：72－73.

［7］陈俊龙，赵怡静.“新常态”下东北地区国有企业混合所有制改革分析［J］.长白学刊，2016（1）：84－89.

［8］陈玮，段浩楠.哈大齐工业走廊发展战略优化研究［J］.中国林业经济，2013（1）：12－15.

［9］陈耀.东北困局下“扩大开放合作”大文章怎么做［J］.人民论坛，2015（8）：43－45.

［10］陈一鸣，李长松.山东省的FDI、进出口贸易与经济增长——基于协整检验和VEC模型的实证分析［J］.世界地理研究，2011（1）：110－116.

［11］程伟.东北老工业基地改造与振兴研究［M］.北京：经济科

学出版社，2009.

[12] 迟福林. 政府转型与东北振兴 [J]. 东北大学学报，2005 (5)：354 - 355.

[13] 迟福林. 对外开放是东北振兴动力的重中之重 [N]. 沈阳日报，2015 - 10 - 18.

[14] 储东涛. 区域经济学通论 [M]. 北京：人民出版社，2003.

[15] 崔日明，包艳，张楠. 东北亚区域经济合作与辽宁老工业基地振兴互动研究 [M]. 北京：经济科学出版社，2010.

[16] 崔日明. 东北老工业基地振兴与东北亚区域经济合作互动研究 [M]. 北京：经济科学出版社，2011.

[17] 单丽洪，贺俊，黄阳华. "一带一路" 战略下中外产能合作新格局研究 [J]. 东岳论丛，2015 (10)：175 - 179.

[18] 傅程华，郭春梅. "一带一路" 打造对外开放新格局 [J]. 产业与科技论坛，2015 (11)：11 - 12.

[19] 高铁梅. 计量经济分析方法与建模 [M]. 北京：清华大学出版社，2006：260 - 230.

[20] 关扬，庞雅莉. 东北老工业基地地方政府职能转变 [J]. 社会科学家，2013 (10)：79 - 81.

[21] 郝雪，韩增林. 辽宁沿海经济带与腹地的经济联系强度分析及协调发展互动模式研究 [J]. 经济研究导刊，2009 (19)：124 - 126.

[22] 何枫，陈荣. 经济开放度对中国经济效率的影响：基于跨省数据的实证分析 [J]. 数量经济技术经济研究，2004 (3)：18 - 24.

[23] 黄繁华. 中国经济开放度及其国际比较研究 [J]. 国际贸易问题，2001 (1)：19 - 23.

[24] 黄蓉. 中国对外贸易结构与产业结构的互动关系研究 [D]. 上海社会科学院学位论文，2014.

[25] 黄蔚，方齐云. 对外开放与我国经济增长的实证分析 [J]. 国际贸易问题，2006 (6)：5 - 9.

[26] 黄晓诚. 东北地区吸引外商直接投资的措施研究 [J]. 特区

经济，2010（5）：234－236.

［27］贾辉，蒋国华．深入贯彻落实国家"一带一路"战略规划加快推进黑龙江陆海丝绸之路经济带建设［N］．黑龙江日报，2015－04－14.

［28］姜茜，李荣林．我国对外贸易结构与产业结构的相关性分析［J］．经济问题，2010（5）：19－23.

［29］焦如宝．外商直接投资对我国经济增长的实证分析［J］．现代经济信息，2009（7）：28.

［30］金强一．振兴东北老工业基地与对外开放度［J］．延边大学学报，2005（1）：5－11.

［31］康赞亮，张必松．FDI、国际贸易及我国经济增长的协整分析与VECM模型［J］．国际贸易问题，2006（2）：73－78.

［32］赖存理，赵建华．浙江对外开放基本经验初探［J］．浙江统计，2009（1）：15－18.

［33］赖明勇，许和连，包群．出口贸易与中国经济增长理论问题［J］．求索，2004（3）：4－8.

［34］兰宜生．对外开放度与地区经济增长的实证分析［J］．统计研究，2002（2）：19－22.

［35］劳尔·普莱维什．外围资本主义：危机与改造［M］．北京：商务印书馆，1990.

［36］李春顶．出口与增长：中国三十年经验实证（1978～2008年）［J］．财经科学，2009（5）：117－124.

［37］李道刚．东北老工业基地有效地方政府模式研究［D］．哈尔滨工业大学学位论文，2009.

［38］李德宏，丁国杰．东北老工业基地外资利用绩效的实证比较研究［J］．国际贸易问题，2005（12）：60－66.

［39］李辉，刘斯瞳，吴笛．基于SWOT视角大连自由贸易园区构建的对策研究［J］．内蒙古财经大学学报，2015（2）：1－7.

［40］李嘉图．政治经济学及赋税原理［M］．北京：商务印书馆，

1976：110 - 116.

[41] 李静秋. 中国东北地区参与东北亚区域合作研究 [D]. 辽宁大学学位论文，2014.

[42] 李军，杨文月. 哈大齐工业走廊的 SWOT 分析及发展对策 [J]. 经济研究导刊，2010 (11)：69 - 71.

[43] 李克. 东北老工业基地经济发展软环境理论研究——从投资软环境到经济发展软环境的变迁 [D]. 吉林大学学位论文，2010.

[44] 李伟民. 东北老工业基地区域技术创新竞争力研究 [D]. 辽宁大学学位论文，2015.

[45] 李文. 出口对我国经济增长贡献的定量分析 [J]. 审计与经济研究，1997 (5)：12 - 15.

[46] 李新. 中蒙俄经济走廊是"一带一路"战略构想的重要组成部分 [J]. 西伯利亚研究，2015 (3)：5 - 10.

[47] 李艳秋. 试论在经济全球化背景下中国的对外开放政策 [J]. 北方经贸，2012 (8)：13 - 15.

[48] 李有. 进口贸易的技术溢出效应——理论与证据 [D]. 浙江大学学位论文，2006.

[49] 李玉潭，赵儒煜. 中国东北对外开放 [M]. 长春：吉林大学出版社，2008.

[50] 李政. 当前东北地区经济增长问题成因与创新转型对策 [J]. 经济纵横，2015 (7)：14 - 17.

[51] 李志辉. 外国直接投资与我国经济增长的相关性分析 [J]. 统计教育，2006 (8)：45 - 47.

[52] 林木西，崔日明. 东北亚区域合作对未来世界新格局变化的影响 [C]. 社会主义经济理论研究集萃——从经济大国走向经济强国的战略思维，2011.

[53] 林木西，和军. 东北振兴的新制度经济学分析 [J]. 求是学刊，2006 (6).

[54] 林木西，时家贤. 体制创新——振兴东北老工业基地的关键

[J]. 东北大学学报（社会科学版），2004（4）.

[55] 林木西，张菁. 沿海经济带与腹地经济区互动发展研究 [J]. 工业技术经济，2011（5）.

[56] 林木西. 经济体制改革方面的十大亮点 [J]. 四川党的建设：农村版，2013（12）.

[57] 林木西. 探索东北特色的老工业基地全面振兴道路 [J]. 辽宁大学学报（哲学社会科学版），2012（5）.

[58] 林木西. 以经济体制改革为重点推动全面深化改革——学习领会党的十八届三中全会《决定》[J]. 辽宁大学学报（哲学社会科学版），2014（1）.

[59] 林木西. 发展混合经济振兴东北老工业基地 [J]. 经济学动态，2005（2）：51 - 53.

[60] 林珊，龚伟平. 福建对外开放30年历程探索 [J]. 福建商业高等专科学校学报，2008（6）：52 - 55.

[61] 林晓伟，李非. 福建自贸区建设现状及战略思考 [J]. 中国经贸，2015（1）：11 - 35.

[62] 刘方，赵忠秀. 对外贸易结构与区域经济增长——基于东北老工业基地的实证分析 [J]. 财贸经济，2008（5）：92 - 127.

[63] 刘方. 东北老工业基地的装备工业实施进口替代战略的问题研究 [J]. 东北师大学报，2004（3）：29 - 36.

[64] 刘荒，王炳坤. 深化国企改革东北新突破口 [J]. 东北之窗，2015（8）：27.

[65] 刘降斌，蹇欢，蔡勉希. 外商直接投资与地区经济增长效应分析——基于东北三省面板数据分析 [J]. 鸡西大学学报，2015（12）：61 - 64.

[66] 刘力臻，王庆龙. 东北地区产业结构升级的困境与破解 [J]. 国家治理，2015（18）：41 - 44.

[67] 刘普照. 外国直接投资对山东经济增长贡献实证分析 [J]. 山东社会科学，2010（1）.

[68] 刘然. 河北省加工贸易发展研究 [D]. 河北农业大学学位论文, 2009.

[69] 刘深君. 跨国并购对我国经济的负面影响及对策分析 [J]. 国际贸易问题, 2003 (7): 35 - 39.

[70] 刘望. 国际贸易与中国产业结构调整 [D]. 湘潭大学学位论文, 2013.

[71] 刘伟, 李绍荣. 转轨中的经济增长与经济结构 [M]. 北京: 中国发展出版社, 2005: 31.

[72] 刘学武. 投资、消费、国际贸易与中国经济增长: 1989 ~ 1999 年经验分析 [J]. 世界经济, 2000 (9): 39 - 45.

[73] 刘友法. TPP 和 TTIP 的影响分析及对策思考 [J]. 开发性金融研究, 2015 (2): 109 - 114.

[74] 卢进勇, 杜奇华, 闫实强. 国际投资于跨国公司案例库 [M]. 北京: 对外经济贸易大学出版社, 2005: 117 - 198.

[75] 陆礼, 陈亚军. FDI 在我国的就业效应分析 [J]. 特区经济, 2005 (12): 33 - 35.

[76] 吕品. 吉林省 FDI、进出口贸易与经济增长关系的实证研 [D]. 东北师范大学学位论文, 2009.

[77] 罗斯托. 富国与穷国: 回顾过去, 展望未来 [M]. 北京: 北京大学出版社, 1990.

[78] 马强. 我国对外贸易转型升级问题研究 [J]. 经济研究参考, 2005 (32): 34 - 39.

[79] 马树才. 东北老工业基地经济政策创新体系研究 [M]. 北京: 经济科学出版社, 2011.

[80] 毛新雅, 王桂新. 长江三角洲地区外商直接投资的资本形成及经济增长效应: 基于面板数据的研究 [J]. 世界经济研究, 2006 (1): 65 - 71.

[81] 牛南洁. 开放与经济增长 [M]. 北京: 中国发展出版社, 2000.

［82］潘宏.创新国际直接投资体系推动东北老工业基地对外开放水平的提高［J］.财经理论研究，2015（4）：64 - 72.

［83］潘宏.东北亚区域贸易合作对东北老工业基地开放型经济发展的推动研究［J］.工业技术经济，2014（12）：81 - 87.

［84］潘石.对东北经济落伍原因诸说之评述［J］.东北亚论坛，2004（12）：81 - 87.

［85］庞明川.资源配置效率与公平视野的"强政府—强市场"目标模式［J］.宏观经济，2013（11）：25 - 36.

［86］曲洋.东北地区外商直接投资的就业效应研究［J］.经济纵横，2013（12）：76 - 79.

［87］阙澄宇，马斌.加快东北三省沿边对外开放的制约因素与应对之策［J］.国际贸易，2014（6）：10 - 15.

［88］任永菊.外国直接投资与中国经济增长之间关系的实证分析［J］.经济科学，2003（5）：113 - 120.

［89］闫奕荣，王满仓，李志军.西部地区对外贸易与经济增长的协整及因果关系检验［J］.西北大学学报（哲学社会科学版），2007（5）：38 - 41.

［90］沈克华.加工贸易技术溢出的机制与效应研究［D］.上海社会科学院学位论文，2011.

［91］沈坤荣，李剑.中国贸易发展与经济增长影响机制的经验研究［J］.经济研究，2003（5）：32 - 40.

［92］沈万根.东北地区利用外商直接投资存在的问题及其对策［J］.学术交流，2013（4）：105 - 108.

［93］盛开健，刘国华 FDI 与产业集聚的关系研究——基于我国农产品加工视角［J］.当代经济，2012（3）：82 - 84.

［94］史长俊.辽宁沿海经济带与沈阳经济区协同发展研究［D］.吉林大学学位论文，2012.

［95］宋冬林.制约东北老工业基地创新创业的主要因素及建议［J］.经济纵横，2015（7）：11 - 13.

[96] 苏振东,周玮庆.出口贸易结构变迁对中国经济增长的非对称影响效应研究——基于产品技术附加值分布的贸易结构分析法和动态面板数据模型的经验研究 [J].世界经济研究,2009 (5):42-47.

[97] 孙浩进,王璐."一带一路"战略与东北三省区域合作研究 [J].知与行,2016 (1):22-26.

[98] 孙众林.我国出口与经济增长的实证分析 [J].国际贸易问题,2000 (2):38-42.

[99] 谭影慧.论对外开放度的度量 [J].上海大学学报(社会科学版),2000 (2):72-75.

[100] 佟家栋.关于我国进口与经济增长关系的讨论 [J].南开学报,1995 (3):9-12.

[101] 吴唐生.广东对外开放 30 年进程 [J].广东经济,2009 (1):31-33.

[102] 王冬,孔庆峰.产业结构调整:摆脱出口困境的一种方式 [J].世界经济研究,2009 (12):3-8,84.

[103] 王国中.开放条件下对我国外贸与工业化关系的理论分析及实证检验 [J].财贸经济,2007 (11):106-110.

[104] 王鹏.广东省经济开放度与经济增长关系的实证研究 [J].国际经贸探索,2007 (5):33-38.

[105] 王胜今,于逢良.论东北振兴过程中的政府职能 [J].东北亚论坛,2006 (3):3-8.

[106] 王胜今,赵儒煜.论长吉图开发开放先导区建设与发展战略 [J].社会科学战线,2010 (4):7-12.

[107] 王淑珍.加快建立沈阳自贸区提升沈阳经济发展竞争力 [J].哈尔滨职业技术学院学报,2015 (4):144-145.

[108] 王维莉.加快东北三省沿海沿边开放的战略思考 [J].商业研究,2015 (12):29-57.

[109] 王晓伟.关于申报建设沈阳自由贸易区的思考 [J].沈阳干部学刊,2015 (4):61-63.

[110] 王英, 刘思峰. 中国经济增长与对外开放度的灰色关联分析 [J]. 经贸论坛, 2003 (2): 5 - 7.

[111] 王越. 沈阳经济区建设的途径与建议 [J]. 经济研究导刊, 2011 (13): 161 - 162.

[112] 王志, 武献华. 辽宁沿海经济带战略中的自主创新问题研究 [J]. 财经问题研究, 2010 (5): 93 - 99.

[113] 吴进红. 对外贸易与长江三角洲地区的产业结构升级 [J]. 国际贸易问题, 2005 (4): 58 - 62.

[114] 吴玉珊. 中国对外开放与经济增长关系的实证分析 [J]. 金融经济, 2006 (6): 27 - 28.

[115] 谢守红. 中国各省区对外开放度比较研究 [J]. 地理科学进展, 2003 (5): 296 - 303.

[116] 徐充, 李建柱, 韩师光. 后金融危机时期东北地区开放型经济新优势的培育和发展 [J]. 辽宁大学学报 (哲学社会科学版), 2013 (6): 81 - 87.

[117] 徐建斌, 尹翔硕. 论落后国家的贸易条件、比较优势与技术进步 [J]. 世界经济文汇, 2002 (6): 4 - 26.

[118] 徐卓顺. 东北地区产业投资结构优化问题研究 [J]. 经济纵横, 2015 (4): 120 - 124.

[119] 许和连. 包群, 赖明勇. 贸易开放度与中国经济增长 [J]. 中国软科学, 2003 (5): 40 - 46.

[120] 许统生, 何正霞. 珠江三角洲经济增长与经济开放度的实证分析 [J]. 统计与预测, 2003 (6): 16 - 18.

[121] 薛伟莲, 周凤, 丁然. 基于集对分析的东北三省自主创新能力评价研究 [J]. 中国集体经济, 2016 (1): 75 - 78.

[122] 亚当·斯密. 国民财富的性质和原因的研究 (上卷) [M]. 北京: 商务印书馆, 1972: 20 - 37.

[123] 颜玮, 姬超. 对外开放的经济增长效应及其演变规律——韩国经济发展的经验证据 [J]. 学术界, 2015 (210): 239 - 244.

[124] 杨明. 东北振兴中地方政府经济职能转变研究 [D]. 辽宁大学学位论文, 2008.

[125] 尹芳. 黑龙江省对外贸易与经济增长关系的实证研究 [D]. 黑龙江大学学位论文, 2010.

[126] 袁见, 安玉兴. 东北老工业基地第三产业结构优化研究 [J]. 沈阳工程学院学报 (社会科学版), 2015 (1): 43-45, 93.

[127] 张桂文, 徐世汇. 东北老工业基地制度创新体系研究 [M]. 北京: 经济科学出版社, 2011.

[128] 张靖. 论对外贸易与我国产业结构升级 [J]. 首都经济贸易大学学报, 2003 (6): 59-62.

[129] 张丽华. 湖北省对外贸易与经济增长关系的实证分析 [J]. 国际贸易问题, 2008 (5): 59-63.

[130] 张琳琳. 辽宁省外商直接投资与经济增长关系实证研究 [J]. 现代商业, 2009 (18): 187-188.

[131] 张木亮. 外省直接投资与山东经济增长的实证研究 [D]. 山东师范大学学位论文, 2007.

[132] 张曙霄, 孙莉莉. 东北老工业基地外贸发展的理性思考 [J]. 重庆工商大学学报 (西部论坛), 2004 (5): 51-54.

[133] 张天顶. 外商直接投资、传导机制与中国经济增长 [J]. 数量经济技术经济研究, 2004 (10): 40-48.

[134] 赵红, 周艳书. 影响中国出口贸易结构升级因素的实证分析 [J]. 重庆大学学报 (社会科学版), 2009 (3): 39-43.

[135] 赵丽娜. 山东对外开放30年 [J]. 改革开放30年中国特色社会主义, 2008 (8): 2237-2263.

[136] 赵陵, 宋少华, 宋乱明. 中国出口导向型经济增长的经验分析 [J]. 世界经济, 2001 (8): 14-20.

[137] 赵伟, 陈文芝. FDI的出口溢出效应: 机理分析与典型产业实证 [J]. 技术经济, 2008 (3): 22-27.

[138] 赵伟, 官波. 对外开放30年: 浙江与山东的比较 [J]. 浙

江经济，2008（18）：20 - 22.

[139] 赵伟，何莉. 中国对外贸易发展地区差异的收效性分析 [J]. 财贸经济，2006（9）：33 - 38.

[140] 赵伟，张萃. FDI 与中国制造业区域集聚：基于 20 个行业的实证分析 [J]. 经济研究，2007（11）：82 - 90.

[141] 赵曦，刘耀林，乔慧，刘敏. 湖北省经济对外开放度研究 [J]. 地域研究与开发，2005（6）：24 - 27.

[142] 赵晓雷. 赢在自贸区 2：经济新常态下的营商环境和产业机遇 [M]. 北京：北京大学出版社，2015.

[143] 赵雪莹. 东北三省对外贸易发展的比较优势分析 [J]. 财会金融，2015（5）：201 - 208.

[144] 赵莹. 转变政府职能：东北振兴中国有企业重振雄风的作用机制 [J]. 长春工业大学学报，2010（5）：1 - 4.

[145] 郑永杰. 国际贸易的技术溢出促进资源型地区技术进步的机理研究 [D]. 哈尔滨工业大学学位论文，2013.

[146] 钟昌标. 国际贸易促进区域经济成长的机制和战略 [J]. 中国软科学，2002（3）：88 - 91.

[147] 钟昌标. 外贸对区域产业结构演进的效应 [J]. 数量经济技术经济研究，2000（10）：18 - 20.

[148] 周宏燕，于振涛. 山东利用外资的区位优势分析 [J]. 菏泽学院学报，2005（3）.

[149] 周学仁，刘跃. 东北地区 FDI 技术水平与贸易结构关系研究 [J]. 东北财经大学学报，2013（5）：32 - 38.

[150] 邹宏伟，乔彦丽. 大连保税区向自由贸易区的转型 [J]. 大连海事大学学报，2008（6）：67 - 70.

[151] Abraham, F., Konings, J & Slootmaekers, V. FDI spillovers, firm heterogeneity and degree of ownership：Evidence from Chinese manufacturing [Z]. CEPR discussion Paper No. 6573.

[152] Aghion, P. &Howitt, P. A Model of growth through creative de-

struction [J]. DELTA Working Papers, 1990: 90 – 12.

[153] Ahmad, J and Kwan A C C. Causality Between Exports and Economic Growth: Empirical Evidence from Africa [J]. Economics Letters, 1991 (37): 243 – 248.

[154] Aliber, R. Z. A theory of foreign direct investment [A]. in Kindleberger, C. P. (Eds), The International Corporation, MIT Press, Cambridge, MA, 1970.

[155] Bahmani – Oskooee and Alse. Export Growth and Economic Growth: An Application of Cointegration and Error Correction Modeling [J]. Journal of Developing Areas, 1993 (27): 535 – 542.

[156] Ballassa, Bela. Exports and economic growth: Further evidence [J]. Journal of Development Economics, 1978 (5): 181 – 189.

[157] Barisik, Salih and Cetintas, Hakan. Export, Import and Economic Growth: The Case of Transition Economies [J]. Transition Studies Review, 2009 (15): 636 – 649.

[158] Barro R. J. and X. Sala – I – Martin. Economic Growth [M]. New York: Mcgraw-hillPress: 1995: 57 – 62.

[159] Belderbos, R. & Carree, M. The location of Japanese investment in China: Agglomeration effects, keiretsu, and firm heterogeneity [J]. Jounalof the Japanese and International Economies, 2002 (16): 194 – 211.

[160] Bencivenga, V. B. Smith and R. Starr. Transactions costs, technological choice, and endogenous growth [J]. Journal of Economic Theory, 1995, 67 (1): 153 – 177.

[161] Berthelemy, J. C. & Demurger, S. Foreign direct investment and economic growth: Theory and Application to China [J]. Review of Development Economics, 2004 (2), pp: 140 – 155.

[162] Bertil Gotthard Ohlin. Interregional and international trade [M]. Sweden: Stockholm university, 1933.

[163] Blomstrom, M. & Kokko A. Multinational Corporations and Spill-

over [J]. Journal of Economic Surveys. 1998, 12 (2), pp: 1 – 31.

[164] Blomstrom, M. &Persson, H. Foreign investment and spillover efficiency in an underdeveloped economy: Evidence from the Mexican manufacturing industry [J]. World Development, 1983 (11): 493 – 501.

[165] Blomstrom, M. Foreign investment and productive efficiency: The case of Mexico [J]. Journal of Industrial Economics, 1986 (15): 97 – 110.

[166] Borensztein, E. , de Gregorio, J. and Lee, J, How Does Foreign Direct Investment Affect Economic Growth? [J]. Journal of International Economics, 1998 (45), pp: 115 – 135.

[167] Campos, F. N. &Kinoshita, Y. Foreign direct investment as technology transferred: Some panel evidence from the transition economics? [Z]. Wilfiam Davidson Working Paper No. 438, 2002, 70 (3).

[168] Cardoso. E and A. Fishilow. Latin America Economic Development: 1950 – 1980 [J]. NBER Working Paper, 1989: 31 – 61.

[169] Carsten. Fragmentation, Efficiency – Seeking FDI, and Employment. Review of International Economics [J]. 2003, 11 (2), pp: 317 – 331.

[170] Chan S, Clark C. and Davis, D R. State Entrepreneurship, Foreign Investment, Export Expansion and Economic Growth: Granger Causality in Taiwan's Development [J]. Journal of Conflict Resolution, 1990 (34): 102 – 109.

[171] Chenery, H. B. , and Strout, A. M. , Foreign Assistance and Economic Development, American Economic Review, 1966, 56 (4): 679 – 733.

[172] Chow, P C Y. Causality Between Exports and W dustrial Development: Empirical Evidence from the NICs [J]. Journal of Development Economics, 1987 (26): 55 – 63.

[173] Dollars, D. Outward Oriented Developing Economies Really Do

Grow More Rapidly: Evidence from 95 LDCs, 1976 – 1985 [J]. Economic Development and Cultural Change, 1992, 40 (3): 523 – 544.

[174] Duff, Swarna D, and Dipak Ghosh. The Export Growth Economic Growth Nexus: A Causality Analysis [J]. The Journal of Developing Areas, 1996 (30): 167 – 182.

[175] Edwards, S. Openness, Productivity and Growth: What Do We Really Know? [J]. Economic Journal, 1998 (108): 383 – 398.

[176] Edwards, S. , Trade policy, growth, and income inequality. American Economic Review Papers and Proceedings, 1998, 87 (2): 331 – 366.

[177] Engle, R. F, and Granger, C. W. J. Co-integration and Error Correction: Representation, Estimation and Testing [J]. Econometrica, 1987 (5): 251 – 276.

[178] Fabrg. The Macroeconomic Effects of Direct Foreign Investment: The Case of Thailand [J]. World Development, 2007, 23 (2).

[179] Feder, Gershon. On Exports and Economic Growth [J]. Journal of Development Economics, 1983 (12): 59 – 73.

[180] Harrison, A. Openness and Growth: A Time Series, Cross – Country Analysis for Developing Countries [J]. Journal of Development Economics, 1996 (48): 419 – 447.

[181] Hollis B. Chenery, Alan M. Strout. Foreign Assistance and Economic Development [J]. The American Economic Review, 1966, 56 (4): 679 – 733.

[182] Helliwell, J. F. , and Chung, A. , Macroeconomic Convergence: International Transmission of Growth and Technical Progress, NBER Working Papers, 1991.

[183] Hsiao, MCW. Tests of Causality and Exogeneity Between Exports and Economic Growth: The Case of Asian NICs [J]. Journal of Economic Development, 1987 (12): 143 – 159.

[184] Johansen, S. and Juselius, K. Maximum likelihood estimation and inference on co-integration with application to the demand for money [J]. Oxford Bulletin of Economics and Statistics, 1990 (52): 169 – 210.

[185] John H. Dunning. The eclectic paradigm as an envelope for economic and business theories of MNE activity [J]. ELSEVIER, International Business Review, April 2000: 163 – 190.

[186] Jung, W, and P Marshall. Exports, Growth and Causality in Developing Countries [J]. Journal of Development Economics, 1985 (18): 1 – 12.

[187] Karunaratne, N. D. Growth and Trade liberalization in Australia: A VAR Analysis [J]. International Review of Economics and Business, 1994, (41): 625 – 643.

[188] Koizumi, T. and K. J. Kopecky. Foreign Direct Investment, Technology Transfer and Domestic Employment Effects [J]. Journal of Internaional Economics, 1980 (10): 1 – 20.

[189] Krueger, A. B. Labor Market Shifts and the Price Puzzle Revisited. National Bureau of Economic Research Working Paper, 1997 (February), No. 5924.

[190] Krueger, Anna O. Foreign Trade Regimes and Economic Development: Liberalization Attempts and Consequences [J]. New York: National Bureau of Economic Research, 1978: 273 – 274.

[191] Krugman, P. and E. Helpman. Market Structure and Foreign Trade [M]. Cambridge: MIT Press, 1985.

[192] Krugman, Paul. Increasing Returns and Economic Geography [J]. J. P. E. , 1991, 99 (3): 483 – 499.

[193] Kwan, ACC and Kwok, B. Exogeneity and the Exports-led Growth Hypothesis: The Case of China [J]. Southern Economic Journal, 1995: 1158 – 1166.

[194] Levine, R. and S. Zervos. Stock markets, banks and economic

growth [J]. American Economic Review, 1998: 537 - 558.

[195] Levine, Ross. Finaneial development and economic growth [J]. Views and Agendature, June l 997: 688 - 726.

[196] Lloyd, P. J and MacLaren, D. Measures of Trade Openness Using CGE Analysis [J]. Journal of Policy Modeling, 2002 (24): 67 - 81.

[197] Mac Dougall, G D. A. The Benefits and Cost of Private Investment from Abroad: A Theoretical Approach [J]. Economic Record, 1960 (36): 13 - 35.

[198] Marwaha. The econometric analysis of economic time series [J]. International Statistical Review, 2004.

[199] Richard Baldwin, Rikard Forslid, Philippe Martin, Gianmarco Ottavino and Frederic Robert - Nicoud. Economic Geography and Public Policy [M]. Princeton University Press, 2002: 190 - 223.

[200] Rodrik, D. Closing the Technology Gap: Does Trade Liberalization Really Help? [J]. Cambridge NBER Working Paper, 1988, No. 2654.

[201] Romer P. Increasing Returns and Long - Run Growth [J]. Journal of Political Economy, 1986, 94 (5): 1002 - 1037.

[202] Sachs, J and Warner, A. Economic Reform and the Process of Global Integration [J]. Brookings Papers on Economic Activity, 1995 (1): 1 - 118.

[203] Sebastian Edwards. Openness, productivity and growth: What do we really know? [J]. The Economic Journal, 1998 (108): 383 - 398.

[204] Serletis, Apostolos. Export growth and Canadian economic development [J]. Journal of Development Economics, 1992 (38): 133 - 145.

[205] Solow, R. A Contribution to the Theory of Economic Growth [J]. Quarterly Journal of Economics, 1956, 70 (1): 86 - 94.

[206] Syrquin, M and Chenery, H. Three Decades of Industrialization [J]. The World Bank Economic Review, 1989 (3): 145 - 181.

[207] Tyler, William G. Growth and Export Expansion in Developing

Countries [J]. Journal of Development Economics, 1981 (9): 121 – 130.

[208] Vernon. R. International investment and international trade in the product cycle [J]. Quarterly Journal of Economincs, 1996: 199.

[209] Wolf, Holger. Trade Orientation: Measurement and Consequences [J]. Estudios de Economia, 1993 (20): 49 – 86.

[210] Wolfgang Keller. International Technology Diffusion [J]. Journal of Economic Literature, 2004, 42 (3): 752 – 782.

后　记

　　对外开放不仅给东北地区带来了资本积累效应，同时也带来了技术溢出效应；同样，本书的写作过程不仅让我增加了知识的积累，更重要的是给我带来了心志方面的溢出效应。本书的完成，让我对"功夫不负有心人"这句古话有了更深刻的理解，同时也对自己又有了一个重新的认识，让我在自己36岁以后的人生当中，变得更加自信和坚毅，眺望远方，只顾风雨兼程！

　　怀着一颗感恩的心和无比激动的心情，向我的授业恩师林木西先生表达敬意：学生愚钝，承蒙先生不弃，今日本书的完成倾注了您太多的心血。先生学识渊博、大家风范，既高屋建瓴、如椽巨笔，又循序渐诱、严谨入微。直到今天我才明白，先生之前对我指导的每一句话都暗含深意，只是当时没有领悟而已，当时学生还不懂什么叫作举重若轻；每当看到您遒劲有力、自成一派的"林草"版的修改意见时，先生在办公室伏案批阅、挑灯夜读的画面就会浮现在眼前，小到一个标点，大到文章的布局，您的辛苦付出才让我的书稿从无到有，从小变大。先生不仅授业与我，还传道解惑与我。先生传奇的经历和笃定的性格深深地影响了我，"没事别得瑟，有事别嘚瑟"也成为我受用终生的座右铭。无以回报，同为一名老师，学生我只能在今后的学习和工作中倍加勤奋、更加刻苦，把这种师道和大爱传承下去。

　　感谢马树才教授的点拨，学生受益匪浅。感谢李华教授、张虹教授、崔万田教授、和军教授、赵德起教授对论文所提的宝贵意见，你们的指导让书稿更加完善。

　　特别感谢潘敏女士的鼎力相助，感谢黄立强、林天义、张婷玉、孔晓、孙凝、李丹、刘志中、李伟民、崔峥、谭啸的大力支持，特别感谢王璐帮我扫清写作之路的诸多路障，感谢单位领导、同事和同学对本书写作的帮助。

感谢父母的养育，特别感谢岳父岳母的亲情付出，你们对孩子和家庭无微不至的照顾，为我的写作解决了后顾之忧。感谢我的学姐也是我的夫人韩蕾女士，感谢你对我在学习上和生活上的双重引领，感谢你给我们的家庭带来一个活泼可爱的小宝宝，让我们的生命得以延续。希望此书的完成，能对他未来的学业有所影响。

该专著得到辽宁省社会科学规划基金办公室资助。

刘长海
二〇一六年六月